MW01234170

SOY BRUJA

Siéntete orgullosa de mostrar tu magia

Primera edición: marzo 2021

Segunda edición: Julio 2021

ISBN: 978-607-29-2583-0

Registro: 03-2021—041413533900-01

Samak

Edición Independiente

ÍNDICE

INTRODUCCIÓN

A través de la historia, desafortunadamente, el antiguo arte de la brujería se ha malentendido. Cuando se menciona la palabra "Bruja", de inmediato viene a la cabeza una connotación de "lo malo", "indeseable", "rechazado", "maldito", y es que por unos pagan todos, varios son los factores que conllevan a esta situación funesta.

Por un lado, el poder reinante en la época de la proliferación de las brujas las descalificó y tachó de malditas, metiéndolas a todas al mismo costal de maldad y herejía. Por otro lado, la ciencia a calificó a este antiguo arte de supersticioso por no cumplir con el método positivo de la comprobación y aplicación universal, y finalmente, no cabe duda que algunas personas han aplicado la magia para perjuicio de otros, y esto ha manchado al maravilloso arte arrojándolo a la descalificación y perdición.

La magia no es buena ni mala, la intención de quien la hace es lo que se calificaría de bueno o malo, ya que sólo sobre la voluntad humana recae tal juicio moral. Gente hay de todo tipo y con diferentes intenciones, algunas extremas; cualquier objeto o conocimiento puede ser utilizado para beneficiar o perjudicar, de acuerdo con objetivo e intención del originador, lo cual no sólo aplica al uso de la magia.

SAMAK

CAPÍTULO 1

QUÉ ES LA BRUJERÍA

1.1 El concepto de Brujería

En redes se suscitó una discusión acerca de qué es brujería, de cierta manera todas las concepciones tenían razón y a su vez ninguna la define por completo. Cualquiera ahora se llama bruja. Incluso se dice que ser bruja implica una completa apertura, sin nombre ni colores. Esa sería la brujería no formal, sería una práctica en este caso. Pero en la antigüedad la brujería sí era una religión.

Brujería entonces, de acuerdo con los usos que conocemos en la actualidad es:

Una práctica: la brujería es un conjunto de conocimientos, prácticas y técnicas que se emplean para dominar de forma mágica o por medio de poderes sobrenaturales el curso de los acontecimientos o la voluntad de las personas.

Una tradición: Ser bruj@ es alguien que venera a la naturaleza y percibe a la divinidad como la conciencia masculina y femenina, es alguien que se convierte en parte de un mundo multidimensional, reconociendo otras dimensiones y reinos. Es reconectarte con lo sagrado y tu divinidad mediante rituales que te recuerdan quién eres y tu papel en el mundo como servidor y descubridor de misterios. En este sentido, un brujo (a) (*witch*) es alguien que venera y percibe a la Divinidad como una conciencia masculina y femenina. Una bruja trabaja con las fuerzas de la naturaleza en ritual y magia, y

Ilustración 1. Witch por Bee Felten-Leidel en Unsplash.

busca la alineación con las estaciones (alineación estelar), según Raven Grimassi.

Un estilo de vida: Esto cabría dentro de la tradición wicca, donde también se considera una visión ecológica, cultura y arte.

Una religión: *Old Witchcraft*, the *Old Religion*, que es la **Vieja Religión**, es predecesora de la moderna wicca. Es una religión y un sistema mágico, es una tradición Mistérica. Se veneraba a la Diosa, y los dioses, se creía en los tres mundos. Viene de los cultos prehistóricos paganos. Contaban con una serie de herramientas para comunicarse con otras dimensiones y la naturaleza. Los Sabats marcaban puntos importantes que conectaban con el otro mundo y sus misterios.

Una creencia: Son conocimientos prácticos y actividades que ciertas personas llevan a cabo para lograr un fin en específico con apoyo de fuerzas sobrenaturales.

Un daño: Es una acción mágica realizada para atentar contra la integridad energética, física, emocional, mental o espiritual de alguien o algo.

Facultades psíquicas: Es la aplicación de facultades y principios paranormales, activando los otros sentidos llamados psíquicos.

Un culto sectario: En la **época de la colonia**, brujería se consideraba como un culto sectario en el que se **adoraba al demonio.** Conllevaba a la demonolatría y apostasía. Recibía los castigos más severos de la Santa inquisición.

Muchas veces se confunde brujería con **magia**, la brujería se refiere más bien a la práctica con ayuda de fuerzas sobrenaturales, la magia es lo que se hace con la brujería, aunque más adelante profundizaremos en el concepto-

La palabra en inglés es otra: **Witchcraft,** en la actualidad conocida como **Wicca** o **Modern Witchcraft**, es un conjunto de creencias sobre las energías y otros planos, un concepto de la divinidad en su polaridad y la práctica de la magia de la naturaleza.

La **brujería** es una práctica que **se puede estudiar...**

Estudiar brujería es aprender sobre los misterios de la Luna y de la noche, nos lleva a reunirnos con la Tierra y el Universo. Es buscar al espíritu de la tierra, de los lugares y las cosas. Esto requiere una interpretación mística de los secretos que residen en la naturaleza.

SAMAK

CAPÍTULO 2

SIGNIFICADO DE LA PALABRA BRUJA

Analizaremos a continuación, algunos de los términos con los que se conoce a la bruja.

2. 1. Bruja como tradición

Ilustración 2.Bruja 1.

En el sentido wiccano, ser bruja (o) es venerar a la naturaleza y percibir a la divinidad como la conciencia masculina y femenina, es reconectarse y alienarse con las fuerzas de la naturaleza en rituales y magia, y buscar alinearse con las estaciones del año.

Esta es una definición para los practicantes de este arte en la actualidad; sin embargo, consideremos que su significado toma diferentes matices en diferentes regiones y a lo largo de la historia.

La idea principal e innovadora, digamos, considerando la concepción actual de la divinidad, es que en sus creencias se considera el aspecto femenino de la Gran Fuerza Divina, incluso, hay algunas corrientes de esta disciplina que trabajan sólo con la energía femenina. Algo que ha sido constante a lo largo de la historia es la gran sabiduría que porta la bruja y su fuerte conexión con la naturaleza, así como su dedicación y conocimiento sobre rituales específicos para lograr objetivos mágicos, la práctica de rituales estelares como los cambios de estaciones (solsticios y equinoccios) y las cosechas.

2.2 Usos de la palabra bruja en castellano

La bruja es la practicante de la brujería, pero regresamos al mismo problema. Vamos a analizar cómo aplicamos la palabra BRUJA:

- Bruja es aquella que **practica** con las cualidades mágicas de las cosas para lograr objetivos, esta sería la **hechicera**.

- Bruja es aquella que **practica Wicca** como tradición.

- Bruja es aquella que **practica la religión de Witchcraft**. Es una mujer sabia y conectada con las fuerzas sobrenaturales.

- Bruja es cualquier persona que hace **daño energético**. Se dice, por ejemplo, que hace brujería "mala".

- Bruja es cualquier persona que tiene **facultades psíquicas** o extrasensoriales.

- Bruja es cualquier persona que tenga alguna de las **15 facultades** que encontré en mi investigación y las cuales describo ampliamente en capítulos posteriores: witcha, astróloga, ocultista, maga, alquimista, sabia, hechicera, herbalista, mística, espiritista, adivinadora, psíquica, sanadora, naturalista, chamana o sacerdotisa.

- Bruja en México se dice que es aquella persona que **no tiene dinero**; cuando la persona "anda pobre", se dice "ando bien bruja".

- Incluso en México a una mujer que **se porta mal**, no sigue las reglas, es mala y rebelde, se le llama **bruja** como término despectivo.

Si somos estrictos, no es lo mismo una Bruja que una **hechicera**; ahora a cualquier persona que lleve a cabo una mínima actividad mágica, como encender una vela con una intención se le dice "Bruja" o a cualquier persona que tenga alguna facultad extrasensorial, siendo que todos tenemos al menos algún don psíquico.

Sí, podría decir que todos tenemos algo de brujos, o algo de magia y manejamos energías; sin embargo, una **Bruja de verdad**, en toda la extensión de la palabra, es la practicante de la Brujería como religión y tradición, es la Witcha, es una mujer sabia, que practica lo que señalé hacían desde la antigüedad, lamentablemente en castellano utilizamos una sola palabra para designarlas a todas. "BRUJA", en otras lenguas es diferente, ya que hay distintas palabras para designar sus actividades.

2.3. Origen de Bruja en castellano

Algunos consideran que el origen etimológico de la palabra "bruja" es incierto, se le atribuye ser de la misma familia del catalán y no indoeuropeo, otros dicen que es prerromana. Sin embargo, no hay un consenso al respecto.

Ilustración 3.Bruja 2.

Encontramos la palabra bruja en las siguientes lenguas:

Aragonés: Bruixa / Broixa – Bruixo – Bruixería

Catalán: Bruixa – Bruixot – Bruixeria

Español: Bruja – Brujo – Brujería

Gallego: Bruxa – Bruxo – Bruxaría

Leonés: Bruxiu / Bruxu – Bruxia / Bruxa – Bruxiería / Bruxería

Occitano: Bruèissa / Broisha – Bruèis / Broish – Brueissariá / Broisheria

Portugués: Bruxa – Bruxo – Bruxaria

Una raíz *brux-* / *bruix-* (de donde viene, por evolución fonética, el español moderno bruja) es común a todas las lenguas latinas habladas en la Península Ibérica, incluido el occitano (aranés).

Se han propuesto diferentes etimologías para esta raíz ibérica. Las dos más plausibles son:

- Que esté relacionada con el nórdico antiguo *brugga* "hacer pociones" (de donde viene el inglés *brew* "elaborar cerveza, preparar el té").

- Que proceda del protocelta (lengua común hablada por todos los celtas antes de la separación en lenguas modernas: irlandés, galés, bretón, etc.) *brixta* "hechizo" (de donde deriva el nombre de la diosa gala Brixta o Bricta), *brixtu* "magia". Cualquiera que sea origen se considera en estas regiones que viene de:

Bruixa = BRUJA, HECHICERA

Lo que la vincula con la elaboración de hechizos y pociones, hablaremos de esto más adelante.

Sin embargo, encontramos en algunas regiones de Europa, que *bruixa* era un ser místico, del mundo de las hadas, este era una *banshee* (/ˈbænʃiː/, del irlandés *bean*,"mujer de los túmulos") que forma parte del folclore irlandés desde el siglo VIII. Las *banshees* son espíritus femeninos que, según la leyenda, se aparecen a una persona para anunciar con sus

Ilustración 4.Vanshee.

llantos o gritos la muerte de un pariente cercano y se dice que chupaba la sangre de los niños o consumía su energía vital.

La palabra bruja, como nosotros la utilizamos en castellano, podría venir de *bruixa*, de origen no indoeuropeo de la misma familia que el catalán, que como hemos señalado era una entidad malévola que consumía a los niños en la antigüedad, y se confundió el término, atribuyéndole a personas de carne y hueso las fechorías de dicha entidad maligna; diciéndose después que había mujeres que eran *bruixas,* aquí acontece una falacia donde se da una causa por otra causa, se hizo una identidad de conceptos y se denominó a algunas mujeres como brujas, con poderes y capacidades sobrenaturales como volar, consumir la sangre de los niños, aterrorizar a los pueblos, etc. Por eso en español la palabra bruja tomada de este contexto, nos remite a algo maligno e indeseable.

Las Bruixas eran consideradas hadas y mensajeras del otro mundo que se dice chupaban la sangre de los niños en ciertas regiones de Europa. Por un tiempo se confundieron y se dijo que estas entidades en realidad eran seres encarnados. Tomemos en cuenta que estos seres tomaban la figura física que se les apetecía, así, podían aparecerse como una persona con quien se tuvieran problemas; ellas no poseían un cuerpo físico. Por tal razón comenzaron a confundir a las antiguas hechiceras con *bruixas*, he aquí el origen de la despectiva connotación sobre ellas y los mitos macabros que las rodean.

2.4. La palabra Witch-wizard-witga

La palabra *witch* en inglés viene de *witcha*, con raices *wic* y *wit*, o vocablo anglosajón *witan-* "ver", relacionado con *witan-* "saber" que nos lleva al significado de SABIO o ERUDITO.

Witch = Sabio

De esta palabra deriva *wictha*, *witch*, *wicca*.

En este sentido, una *witch* es una mujer de sabiduría.

En inglés se usaba la palabra *wizard* (masculino) o *witch* (femenino) de los ingleses del medievo.

Los anglosajones la usan como *wicca* (masculino) *wicce* (femenino).

Se dice que *wicca* es una corrupción de *witga*, una forma corta de la palabra *witega*: un profeta, vidente, mago o hechicero.

2.5. Los nombres de la bruja en el mundo

Ilustración 5.Bruja en diferentes idiomas.

Además de conocerla como bruja o *witch*, en diferentes regiones se les llamaba de distintas maneras:

La palabra más antigua encontrada en la literatura la tenemos en los griegos con el vocablo **pharmakos**, que se refiere a alguien que conoce el uso de los extractos de las plantas. De esta palabra deriva la palabra farmacia o farmacéutico.

En la Biblia aparecen las palabras **kasaph** y **ob**. **Ob** indica a una persona que podía evocar a los espíritus de los muertos, y predecir el futuro. La palabra **kasaph** indicaba a una persona que asesinaba a otros utilizando pociones.

En italiano es **strega**, en alemán **hexe**, en francés **sorcière**.

En latín se usaba **maleficae** para designarlas en la Europa en la Edad Media. Otra palabra antigua encontrada en latín es **saga**, que significa aquel (la) que tiene la visión del futuro.

Otros de los nombres utilizados para designar a la casta de seres espirituales son: *Hudoles, gwiddon, rhiamon, ellyllow, twlwyth, sorceress, medicine woman, striga, gwill, shamana, strix, venefica, druidhe, divini, Uay,* hechicera, maga

En la magia nórdica son llamadas **völva**, o **seiðkona**, lit. "mujer que ve", aunque también había practicantes masculinos llamados: **seiðmaðr** (*sjåmadhr*), lit. "hombre que ve". La magia **seidr** involucraba el encantamiento con hechizos, incluía tanto adivinaciones como magia manipuladora. Al parecer el tipo de adivinación practicada por *seidr* era generalmente distinto, debido a su naturaleza más metafísica, que los augurios cotidianos realizados por las videntes; a diferencia del **galðrar** que era más práctico, era más chamánico y se enfatizaba en trances extáticos. En la edad vikinga el seidr tenía connotaciones de *ergi* («poco viril o afeminado») para los hombres, ya que sus aspectos manipuladores iban en contra del ideal de hombre franco, de conducta sincera.

2.6. Siempre han existido

Donde sea, existió siempre esta figura que ha sido tomada innumerables veces como gran transformadora de culturas y es la conexión del mundo terrenal con el mundo oculto y desconocido del pasado, futuro, otras dimensiones, el mundo de los muertos y la fuerza de lograr cambios, convertir deseos en realidad ayudando a los humanos

Si vamos a las culturas primitivas, siempre hay una figura referida como la **shamana** o el **shamán**, *medicine women/men* o **bruj@** o **hechicer@**. Son seres que poseían una habilidad o cualidad que los apartaba de otros miembros de la comunidad. Estos seres poseían un estatus especial, eran amados o temidos, se les tenía mucho respeto, tenían contacto con el reino de los espíritus y con el espíritu de la tribu. Daban consejos sobre el otro mundo, y sobre cómo sus influencias afectaban a la tribu. Normalmente en occidente, estas personas eran mujeres, llamadas BRUJAS. Eran las que daban plantas para curar enfermedades, las que daban consejos sobre el amor, y predecían el futuro. En todas las culturas siempre ha existido esta mística figura.

Así como también, siempre han existido las representaciones de las divinidades, y en la antigüedad eran reconocidas tanto la masculina como la femenina. Los shamanes o brujas eran los mensajeros de estas fuerzas.

En todos los pueblos, como ya hemos mencionado, las brujas o chamanes tenían un papel importante en la sociedad. No se tomaba una decisión si no se consultaba a esta persona, además tenían conocimiento de Astrología, sabían de las influencias y energías.

Trabajaban con energías de la naturaleza, invocaban a divinidades y fuerzas, hacían hechizos de amor y trabajaban con los espíritus, practicaban con la sabiduría de las plantas.

Observamos que el carácter original de la palabra está relacionado con la herbalista o que decía la fortuna, que hacía encantamientos.

Los círculos o hermandades de las brujas(os) eran muy pequeños en la antigüedad, una o dos personas se convertían en sus aprendices y se instruían en sus técnicas y sabiduría. Entre tribus los brujos(as) compartían sus secretos y se reunían; por ejemplo, en la mágica **Noche de San Juan**.

SAMAK

CAPÍTULO 3

LAS BRUJAS EN LA HISTORIA

3.1. Orígenes, indicios históricos

Desde el neolítico (Del 7000 al 3500 AC) se encontraron figuras asociadas con el culto antiguo a **la Diosa**. Contemplaban un sistema de prácticas y creencias pre-cristianas. Son elementos que fundaron las miradas religiosas de la Vieja Europa donde también hay imágenes relacionadas con su consorte, el astado o ciervo.

Ilustración 6.Venus de Willendorf.

En la Vieja Europa las divinidades mitológicas no estaban polarizadas en femenino-masculino.

A las fuerzas de la naturaleza se les representaba con seres acompañados de animales (Diana acompañada de un ciervo).

Podemos encontrar imágenes religiosas sobre puercos (simboliza a la Tierra), perros, lobos (protectores y cazadores), cabras (fertilidad y virilidad sexual). Estas imágenes son muy significativas en la Vieja Europa.

Las deificaciones de la cabra son vistas en el Dios Pan y las leyendas de los Sátiros posteriormente. El Dios cabra es una representación del Dios de la naturaleza en su fase de domesticación por ganadería y agricultura. También viene de un Dios antiguo caldeo que era adorado incluso por los judíos antes de recibir de Moisés la nueva doctrina.

En esta época se guardaba culto a la Diosa, representada en la mujer en la Tierra, cargando el misterio de dar vida.

3.2. Los textos griegos

En los textos griegos es donde encontramos las apariciones más remotas de la imagen de las brujas, como en el siglo VII antes de nuestra era en Homero, donde a la bruja se le conocía como herbalista, practicante de magia y como sacerdotisa (particularmente refiriéndose, esta última a Medea – sacerdotisa de Hécate). Las herramientas de su arte son: una espada (a veces hoz), una vara y un caldero.

Ilustración 7. Diosa Hécate.

Se asocia a las brujas con la imagen triforme de la Diosa, a Hécate, Diana y Prosefina. Horacio, Ovidio y Lucan atribuyen a las brujas las facultades de bajar el poder de la Luna desde el cielo.

La Diosa Hécate es la diosa triforme de las brujas.

A las brujas se les consideraba como muy hermosas, hasta que "el Greco" (1541-1614) nos hizo el favor de pintarlas horribles bajo la influencia del catolicismo.

Con el paso del tiempo el culto a la Dios triforme dio paso al culto a la Virgen.

3.3. Brujería en México

En México la palabra bruja es muy desafortunada, porque inmediatamente se relaciona con alguien que hace el mal, esto es debido a la carga histórica católica donde se define como: "Una bruja o brujo es una persona supersticiosa que hace daño y es pecaminosa".

México tiene una larga historia de magia. Desde el México prehispánico este antiguo arte proliferaba y era parte de su vida cotidiana. En la actualidad a esta se le llama magia tradicional, y muchos wiccanos integran también esta magia milenaria con sus prácticas. Dependiendo del lugar donde residan, se conectan con los lares o espíritus del lugar y las creencias tradicionales de su región de origen.

México es un lugar muy espiritual y místico, lleno de creencias sobrenaturales. En cada pueblo o lugar hay un componente mágico. El culto a la muerte es espectacular y muy particular en México, aquí la muerte se celebra. El día de los muertos es una gran fiesta donde se convive con ellos y que coincide con el Sabat Samhain, donde se convive con seres del otro mundo: hadas, muertos y dioses.

En cada mercado popular existe el puesto del yerbero, donde se pueden encontrar una serie de objetos mágicos para diferentes fines. El tipo de magia que venden en estos lugares es para distintos ritos, como la brujería cristiana, donde se hace magia con los santos católicos; se puede encontrar mucha oferta en hechizos de la llamada "Santa Muerte", también diferentes remedios populares que son resultado de un sincretismo con la magia del México prehispánico y otras corrientes.

Adicionalmente hay gran oferta de brujería y objetos rituales de santería y palo Mayombe, que también es una tradición bastante practicada en México.

La persona que atiende en estos establecimientos da consejos y recomendaciones de remedios mágicos, y se le conoce como **brujo, sanador o yerbero**.

A continuación, hablaremos de esta figura mística en el México antiguo.

3.4. La brujería Nahua

El historiador Alfredo López Austin inventarió una buena cantidad de magos y brujos prehispánicos, específicamente del mundo nahua en *Cuarenta clases de magos del mundo nahua* (1967); no enlista, como él lo advierte, la totalidad de los linajes, pero sí los tipos "más importantes".

La distinción primaria en el ejercicio de la magia reside, como es de popular dominio, en el propósito original de su práctica: blanca o negra, para beneficio o perjuicio. Pero tras este plano vienen facultades particulares y ramificaciones minuciosas; por ejemplo, están los que hacen perecer algo con solo mirarlo, o quienes, por el contrario, devuelven la fuerza vital a una persona por medio del aliento.

Tlatlacatcolos

Ilustración 8.Los Tlaciuhque.

Son los hombres-tecolote, que "practicaban la magia en perjuicio de los hom-bres"; López Austin incluye trece variaciones en este grupo.

1. Tepan mizani "El que se sangra sobre la gente". Causaba la muerte por medio de su sangre (de verterla sobre la víctima).

2. Tlatztini "El que ve fijamente las cosas". Mataba, literalmente, con la mirada.

3. Flamatocani "El que toca las cosas". Colocaba su mano sobre un bien para extraviarlo.

4. Caltechtlatlacuiloani "El que pinta las paredes de las casas". Por esta vía provocaba la muerte del dueño de la casa.

5. Tetlepanqltetzqui "El que prepara el fuego para la gente". Eliminaba a sus víctimas ya fuese codificando mediante un ritual alimento que posteriormente les convidaba, y morían; o recolectando su cabello y luego administrándoles, mediante este objeto, un hechizo de muerte.

6. Teyollocuani, tecotzcuani "El que come los corazones de la gente" o "el que come las pantorrillas de la gente". Inducía una perturbación de las facultades mentales de la víctima o un mal posiblemente muscular.

7. Momelzcopinqui "A la que se arrancaron las piernas" o "que se da golpes en las piernas". Al parecer los practicantes eran mujeres "perjudiciales"; no se sabe más.

8. Tlahuifruchtli "El sahumador luminoso". "Brujo que andaba de noche por las montañas echando fuego por la boca, o convertido en fuego mismo, para asustar a sus enemigos y así infundirles locura o muerte.

9. Nonotzale, pixe, teyolpachoani "El poseedor de conjuros", "el dueño del depósito" o "el opresor del corazón de la gente". Según Sahagún, se trataba de asesinos a sueldo, que se ataviaban con la piel del ocelote (una especie de leopardo).

10. Temacpalitotí, momacpalitoti, tcpopotza cuahui-
quc "el que hace danzar a la gente en la palma de la mano".
Empleaban como instrumento una imagen de Quetzalcóatl y el
brazo de una mujer muerta de parto; iban a casa de sus víctimas, las
dormían, robaban, violaban a las mujeres y luego cenaban
tranquilamente.

11. Moyohualitoani "El que se acomide en la noche". Atacaban
sexualmente a sus víctimas, tanto mujeres como hombres.

12. Cihuanotzqui, xochihua, cihuatlatole "el que llama a la
mujer", "el que posee embrujos para seducir" o "el dueño de
palabras para la mujer". Es, posiblemente, una variedad del
moyohualitoani.

13. "El que trueca sentimientos" (No se encuentra su
nombre en náhuatl). Preparaban una bebida de maíz que, unida a
los conjuros, cambiaba los sentimientos en una persona, de odio a
amor y de amor a odio.

Los hombres con poder sobrenatural

14. Nahualli (su significado es ampliamente debatido, elusivo
en esencia) Los nahuales, seres esencialmente misteriosos y
elusivos, tienen el poder para ser tanto benéfico como maléfico.

15. Teutlipan moquetzani "El que representa a un dios"
Ataviado con las ropas del dios que representaba, se trataba de una
figura particularmente querida y respetada. Infundía salud y
confianza en sus seguidores a cambio de alimentos y vestido.

Los dominadores de los meteoros
Su misión era dialogar con o encausar favorablemente las fuerzas
meteorológicas, papel fundamental en una cultura francamente

agrícola y cuya vida cotidiana resonaba plenamente con la naturaleza.

16. Teciuhtlazqui o teciuhpetthqui "El que arroja el granizo o el que vence al granizo". Fuertes soplos y violentos movimientos de cabeza formaban parte de los conjuros habituales de este linaje de magos del clima, cuya función era ahuyentar el granizo para proteger la siembra.

17. Ocolizehecatlazqui y cocolizmixtlazqui "El que arroja los vientos y las nubes". Se dedicaban a espantar los vientos y las nubes que se impregnaban negativamente en el cuerpo de los niños.

Los Tlaciuhque

Se trata de "estrelleros" o "los que miran las cosas", una suerte de adivinos que ven lo distante y lo oculto; sortilegios, dotes intuitivas, lecturas sagradas y trances visionarios eran algunas de sus herramientas.

18. Tlachixqui y tlaciuhqui "El que busca o mira las cosas". Su labor era prever la llegada de fuerzas contrarias y sus manifestaciones (enfermedades, sequías, tormentas o escasez), para alertar a la comunidad y determinar "qué potencias divinas estaban disgustadas y era necesario propiciar."

19. Paini "El mensajero". A través de la ingesta de plantas de poder emprendían aventuras visionarias en busca de respuestas que yacían en otros mundos.

20. Matlaptnlhqui "El que cuenta (a través de] los ante brazos". Invocando fuerzas celestes y mundanas, además de frotar alguna planta sagrada entre sus manos, se preparaba para examinar a un paciente su cuerpo utilizando para medirlo el antebrazo y analizando la correspondencia de medidas entre este y el cuerpo del paciente.

21. Tlaolxiniani "El que desbarata los granos de maíz". "Huitzilopochtli y Quetzalcóatl dieron a la primera mujer, Cipactónal, los granos que debía arrojar para conocer la suerte de las personas." A raíz de eso surge este linaje de magos que veían el futuro o la suerte en la disposición de los granos previamente arrojados.

22. Atlan teittaqui, atlan tlacbixqui (que usa granos de maíz). "El que ve en el agua a la gente". Según el comportamiento de los granos de maíz en un recipiente de agua podía diagnosticar al paciente.

23. Atlan teittaqui, atlan tlacbixqui (que no usa granos de maíz). Utilizaban el agua como medio para determinar si un niño había perdido su tonalli o la gravedad y procedencia de una enfermedad en el paciente.

24. Tlapachtlapouhqui "La que adivina con conchas". Empleaba conchas para leer los designios y futuros.

25. Mecatla ponhqui "El que cuenta (el significado de) los cordeles". "Ataba sus cuerdas en presencia del enfermo y luego tiraba fuertemente de ellas"; si estas se desataban, sanaría, si en cambio se hacían nudos, quizá moriría.

26. Polocatlapouhqtti o zacatlaponhqui "El que mide con pajas". El adivino medía con una paja al enfermo y así descifraba su verdadero estado.

27. Cóatlquiyolítiani "El que hace vivir a la serpiente". Se encargaba de, por medio de su serpiente, descubrir a aquel que hubiese cometido un delito, por ejemplo, el rapto de una persona.

28. Tlaponhqui, tonalpouhqui "El que cuenta las cosas o el que cuenta el destino". Una figura compleja y muy rica, "sin duda alguna, el adivino de mayor importancia, puesto que su labor está relacionada con todos los actos importantes de la vida del hombre".

Este linaje de sacerdotes poseía e interpretaban los libros sagrados del destino, los tonalámatl.

29. Temiquiximati, temicmzmictiani "El conocedor de los sueños o el intérprete de los sueños". Con frecuencia se les cita interpretando los sueños de los señores y, a diferencia de los anteriores, ellos se basaban no en los tonalámatl, sino en los libros de los sueños, los temicámatl.

Los Titici

Ilustración 9. Los Titici.

Una suerte de médicos que combatían las enfermedades vía recursos mágicos, sin que las enfermedades apelaran necesariamente a un carácter sobrenatural.

30. Tetonalmacani, tetonaltiqui, tetonallaiqui "El que da el tonalli a la gente o el que asienta el tonalli en la gente". Regresaban el tonalli (algo así como el aliento vital) al cuerpo del enfermo, por medio de conjuros y, en ocasiones, luego de atraerlo a un recipiente con agua, lo esparcía sobre el paciente con la boca.

31. Tcapahtiani "El que anula la curación a la gente o el que contrarresta a l gente un veneno que se le ha dado". Extraía el tonalli nocivo inducido por error en un niño y, tal vez, también se encargaba de ahuyentar algún hechizo perjudicial.

32. Desconocido "El que pinta figuras en el cuerpo". Producía sangrías en el cuerpo del paciente o, en otros casos, simplemente hacía trazos sobre su cuerpo o su cabeza (a veces en forma de serpiente enroscada).

33. Tetlacuicuiliqui "El que saca algo a la gente". Rociaba y frotaba al enfermo con estafiate y luego "extraía" objetos del cuerpo del enfermo, que presuntamente eran la materialización de sus enfermedades.

34. Techichinani "El que chupa a la gente". También empleando el estafiate o iztáuhyatl, succionaba la parte adolorida y extraía los males materializados en objetos.

35. Tepoztecpahtiani "El que reduce fracturas de huesos". Usaban simultáneamente procedimientos médicos y mágicos. Entablillaban el miembro fracturado y luego complementaban esto con el pronunciamiento de fórmulas mágicas

36. Desconocido "El que cura piquetes de alacrán". Con un torniquete o liga frenaban la propagación del veneno, aplicaban tabaco sobre el piquete, y luego hacían representaciones actuadas de la diosa Xochiquétzal (aludiendo a un mito pertinente).

37. Teiczaliztli "El que cura por teiczaliztli (acción de pisar a la gente)". Calentaba las plantas de sus pies hasta experimentar dolor y luego caminaba sobre la espalda del enfermo, mientras pronunciaba las fórmulas mágicas.

38. Pacholiztli "El que cura por pllcholiztli (acción de presionar)". Apretaba con sus manos el pecho del enfermo, generalmente niños.

39. Desconocido "El que cura con su aliento". Transmitía, mediante su aliento, energía vital al paciente; para lograrlo invocaba al señor del viento, Ehecatéotl.

Magos no profesionales

"El que usa ocasionalmente de la magia". Muchos son los casos que aparecen en las fuentes de personas que no se dedican a realizar actos mágicos, pero que tienen el conocimiento suficiente de fórmulas y procedimientos para usarlos en beneficio propio. Como ejemplos pueden citarse el de **los caminantes**, que invocan a las fuerzas sobrenaturales propicias y deprecian a las nocivas antes de iniciar el viaje; el de **los cazadores**, el de los recolectores de miel, el de **los leñadores**, el de **los pescadores**, que usan fórmulas mágicas para realizar en forma más productiva sus labores cotidianas, para ayudar a los enfermos, entre otros remedios.

3.5. Brujería en Mesoamérica

Ilustración 10.Smith, 1984.fig.51-A Digitalización.

En su cosmología se habla de los tres niveles cósmicos. Esta división aparece en la Estela 1 de Izapa, Chiapas, donde se distinguen el cielo como morada divina, el mundo intermedio como casa de las criaturas y el mundo inferior o región de la muerte, en este caso como ámbito acuático. De acuerdo con Alfredo López Austin en "La magia y la adivinación en la tradición mesoamericana", Arqueología Mexicana núm. 69, pp. 20-29.

La magia y la adivinación mesoamericanas forman parte de una cosmovisión que separa el tiempo-espacio divino del tiempo-espacio de lo creado; de tal manera que existe un flujo permanente de la voluntad de los dioses hacia las criaturas que se conciben habitantes de una casa formados de sustancias divinas y materia palpable y perecedera.

Los dioses se encuentran en un plano superior, se les nombra "lo que está sobre nosotros" o "los nueve que están sobre nosotros".

Conciben el plano superior conformado por 9 planos, complementándose con 9 planos en lo profundo, bajo la superficie de la tierra, llamados "los nueve de la región de la muerte".

Las criaturas terrestres tienen prohibido el paso a la región divina, a la cual no pueden pasar con su integridad física. Esporádicamente sus almas, o llamadas "entidades anímicas" consideradas las partes ligeras de origen divino, se desprenden de la materia pesada y alcanzan ese espacio prohibido. También sucede el tránsito ocasional de las criaturas por mandato o permisión de los dioses. Cuando mueren, los despojos pasan al otro mundo. A los dioses no les gusta que se les moleste en su intimidad. Hay que recalcar que cada humano tiene así mismo una porción divina.

En el espacio habitado, son frecuentes seres fantasmales, fuerzas protectoras o dañinas, aires nocivos y enfermedades con personalidad, algunas tomadas como divinas, rodeando a las criaturas.

Mediante encantos se contacta a los dioses, que visitan trayendo consigo las energías de los ciclos, las fuerzas transformadoras, los vientos nocivos, y en ellas se confunden las almas de los que les temen. Los mayores umbrales son las cinco columnas cósmicas y sus múltiples proyecciones.

Para los mesoamericanos existen lugares donde se da la comunicación con los dioses, son puertas a otros planos; por ejemplo, los árboles como la ceiba, las entradas de las cuevas, las barrancas, las oquedades en las peñas, los manantiales, los pozos, las madrigueras de las tuzas y los hormigueros. Los montes también son sitios sagrados. Los templos concentran las fuerzas que son parte de los sitios arqueológicos, considerados umbrales.

Se encuentran presentes también encantos a través de los cuales los hombres pueden percibir las fuerzas superiores, las dimensiones invisibles de su propio mundo. Tales actividades son propias de los brujos, magos o chamanes, quienes tienen comunicación con los dioses; quienes deben prevenirse de ofender a los dioses matando a algún animal que le corresponda o cortando sus flores preferidas, acercándose a algún lugar de sacralidad o realizando algún rito prohibido; hacerlo los haría encontrarse con una terrorífica realidad subyacente.

Conclusión de este apartado

De acuerdo con lo expuesto, identifico las siguientes facultades:

- Los que hacían daño.
- Los que manipulaban los fenómenos meteorológicos.
- Los que se convertían en otras cosas.
- Adivinos.
- Interpretadores de sueños.
- Los magos no profesionales: usaban hechizos para situaciones cotidianas, pero no se dedicaban de lleno a esto.

SAMAK

CAPÍTULO 4

LA RELACIÓN DE LA BRUJERÍA CON EL MAL

4.1. Brujas en la Biblia y el catolicismo

La palabra *Witch* o brujería no aparece tal cual en las traducciones de la Biblia, su aparición es un error, un malentendido. Las brujas mencionadas en la biblia no son el mismo tipo de practicantes de Witchcraft en Europa. En otras palabras, el concepto hebreo de bruja, no tiene nada que ver con bruja en Europa. Aparecen, como hemos señalado: kasaph y ob, cuyos conceptos son sólo algunas de las habilidades como asesinar mediante el uso de pociones en el caso de kasaph y evocar a los muertos y predecir el futuro en el caso de ob, Ob indica a una persona que podía evocar a los espíritus de los muertos, y predecir el futuro. Pero la bruja como la conocemos ahora o el concepto europeo no existía en la cultura judía. Este malentendido es un problema de traducción.

La brujería debió de ser muy practicada en Palestina pues existen frecuentes referencias hacia ella en la Biblia: "No dejarás con vida a la hechicera" (Éxodo 22, 17). En el *libro de Samuel* se cuenta que Saúl, que era un hombre profundamente religioso, había prohibido la magia bajo pena de muerte y, sin embargo, acudió a la Bruja de Endor, al verse acosado por las tropas filisteas. Ni Dios ni los profetas conseguían ayudarle, así que, disfrazado, acudió a esta mujer y, a través de ella habló con el fantasma de Samuel, el cual le predijo su derrota y muerte.

Observamos una gran descalificación en la religión católica que se exacerbó en la época de la Inquisición, ya que el conocimiento y poder absoluto era sólo de la Iglesia. Consideremos que en la Iglesia católica se cree en los milagros y los Santos, así como que Jesucristo efectuó sanaciones y milagros, lo mismo que hacían las brujas; sin embargo, estas últimas fueron descalificadas y satanizadas.

Agustín de Hipona (354-430) en *Civitas Dei*, decía que el imperio romano había caído gracias a la nigromancia y artes mágicas y que toda la magia era obra de demonios, que éstos enseñaban a realizar rituales mágicos con piedras, plantas, animales y encantamientos. Cuando los magos efectuaban esto, los demonios aparecían y hacían el trabajo.

Sin embargo, los mismos clérigos reconocían los poderes naturales maravillosos de los imanes y las sustancias para curar enfermedades.

Tomás de Aquino creía que la magia estaba relacionada incuestionablemente con la intervención y los malos espíritus. Después de la conversión de emperadores al cristianismo, todo tipo de magia se convirtió en ofensa capital, como se observa en el código *Teodosiano* en el 439 y en el código *Justiniano* en 529.

4.2. Satanización de las brujas

En sus orígenes, aquellas brujas (mujeres sabias) que ayudaban a las personas a curarse de enfermedades no eran juzgadas, porque se decía que este tipo de magia era magia natural (poderes o fuerzas naturales ocultas), esta magia era considerada como "no demoniaca".

Ilustración
11.Inquisición.

Después llegó Taciano, teólogo cristiano, quien rechaza todo tipo de magia. Decía que las mujeres sabían de las propiedades de las plantas porque el diablo les susurraba al oído sus cualidades y les enseñaba los secretos de las plantas.

Vincent Ferrer a principios del siglo XV proclamaba: "Es mejor que tu hijo muera a llevarlo con una hechicera"

Decían: "Las mujeres que curan son hechiceras diabólicas, todo lo hacen mediante demonios".

La magia amenazaba a las creencias cristianas ya que era un poder alternativo de ayuda contra la adversidad. Desde ahí, las propiedades sutiles de las plantas cayeron en el dominio de la superstición (lo que no puede comprobarse por medios racionales ni físicos) y aún seguimos sufriendo sus estragos.

La persecución de las brujas alcanzó unas proporciones desmesuradas en la Edad Media, pero con anterioridad la Iglesia había aceptado ceremonias populares de carácter pagano por remontarse a épocas anteriores al cristianismo y por entender que no se oponían a éste. Hasta el s. XIII los brujos, adivinos o curanderos solamente eran castigados con la muerte si producían algún daño concreto e irreparable.

Las ceremonias paganas que se llevaban realizando desde siempre, eran algo que la Iglesia no podía erradicar, ya que pertenecían a la cultura originaria de cada pueblo, así que la Iglesia decidió cristianizar todas estas fiestas paganas ("si no puedes con ellos, únete"). El cristianismo no se oponía a la creencia sobre hechos extraños en la naturaleza ya que ella misma creía en los milagros de los santos, pero sí se oponía cuando los "milagros" provenían del demonio o de otros que no fueran cristianos y no podía permitir que la gente creyera que todas esas personas que tenían ciertos poderes eran seres "divinos" así que debían a toda costa erradicar estas creencias. En este punto nació la brujería en su sentido negativo que, hasta este momento, había sido llamada hechicería.

4.3. Las brujas y el mal

¿En qué momento se les relacionó a las brujas con el mal? Esta idea es resultado de la ignorancia y el miedo (junto con la política). El rechazo a las brujas fue el resultado de una campaña de mal información y persecución. Cuando la cosecha era mala, las vacas no producían leche y la gente se enfermaba, la forma más conveniente de explicar el problema era: "una bruja". Deshaciéndose de ella se esperaba deshacerse del problema. Sin tomar en cuenta que ellas eran las antiguas sanadoras, parteras y hasta psicólogas. En el cristianismo, las figuras de San Agustín y San Jerónimo crearon a la figura de Satanás como una liga entre la divinidad de la religión pagana y la entidad cristiana del mal. Esto hizo crecer el miedo a las brujas, quienes creían en el astado, dando como resultado una política de ejecutar a todo aquel culpable de practicar la brujería.

Señalamos ya el papel de Taciano y Vincent Ferrer en la mala imagen y descalificación de las sanadoras.

Algo más que apoyó en cambiar la actitud de la gente en consultarlas fue, a finales del medioevo:

- Evangelización
- Nuevos paradigmas científicos y teológicos, surgidos en las universidades medievales.

Debido a esto se extendió la sombra de la sospecha, con la evangelización masiva y los enfoques racionalistas.

Las brujas no practican intencionalmente la magia negra para lastimar a un inocente (como comúnmente se conoce a la magia negra). La magia es energía, y las brujas tienen un código ético al respecto. La magia no es buena ni mala, la intención con la que se hace es lo que se puede calificar de bueno o malo. La brujería es una religión y un camino espiritual, ninguno de los cuales promueve el lastimar al prójimo; sin embargo, cada practicante decide qué hacer son su conocimiento y energía.

Lamentablemente sí existen practicantes de la magia que hacen daño, aquí entra en juego el papel y la moralidad del practicante que normalmente es de otras tradiciones como la magia popular y la santería, y aquella figura mística que ayudaba a la gente en momentos de adversidad se satanizó gracias a los rumores y creencias establecidas por la Inquisición.

4.4. La inquisición

En 1184 se funda la Inquisición en el Languedoc (sur de Francia) para luchar contra la herejía albigense allí asentada. Esta primera inquisición episcopal (dependiente del obispo de cada diócesis) fue sustituida por una inquisición papal (dependiente directamente del papa) en 1231. A pesar de que la creencia en la brujería es anterior incluso al cristianismo, no es hasta 1484 cuando el papa Inocencio VIII hace constar oficialmente la creencia oficial de la Iglesia católica en su existencia mediante la bula *Summis desiderantes affectibus*, un decreto papal del 5 de diciembre de 1484, derogando así el *Canon Episcopi* de 906, donde la Iglesia sostenía que creer en brujas era una herejía. En ella se menciona a **Sprenger y Kramer** por sus nombres (Iacobus Sprenger y Henrici Institoris) y se los conmina a combatir la brujería en el norte de Alemania.

A fines de la Edad Media se estaban produciendo cambios muy bruscos en la forma de vida en Europa, era una época en la que se estaban descubriendo nuevas tierras (lo que hizo que los europeos se enfrentaran a culturas hasta ese momento totalmente ajenas al pensamiento del cristianismo), comenzaba a despertarse la conciencia popular entre los campesinos de Alemania, quienes poseían conocimientos religiosos rudimentarios mezclados con conocimientos supersticiosos ancestrales, aparecía la imprenta, que abría la posibilidad de una gran difusión de las ideas existentes, en especial de las nuevas maneras de interpretar la Biblia, existían complicados estudios seudocientíficos para leer los astros, y se creía firmemente tanto en la Astrología esotérica como en la Magia. Eran populares libros sobre Magia talismánica y secretos de Alquimia.

La bula era auténtica pero algunos historiadores todavía discuten si Kramer falseó la recomendación de la Universidad de Colonia.

4.5. Maleus Maleficarum

Ilustración 12.. Mallevs Maleficarvm.

Al ser nombrados inquisidores Heinrich Kramer y Jakob Sprenger con poderes especiales por la bula papal de Inocencio VIII se les encomienda investigar los delitos de brujería de las provincias del norte de Alemania, creando el *Malleus Maleficarum* como resultado final y autorizado.

La caza de brujas fue una campaña organizada, cuya fuente principal de inspiración fue el *Malleus Maleficarum*, tanto para católicos como para protestantes.

Durante el siglo XV la Inquisición se dedicó a quemar más herejes que brujas y cuando los Estados feudales se organizaron como monarquías independientes del Papa, el poder punitivo se trasladó de la Inquisición a los jueces laicos de estas monarquías, quienes continuaron la tarea de la Iglesia de quemar brujas hasta el siglo XVIII, teniendo como libro de bolsillo al *Malleus Maleficarum*.

Así *El Malleus Maleficarum* (del latín: Martillo de las Brujas) es probablemente el tratado más importante que se haya publicado en el contexto de la persecución de brujas y la histeria brujeril del Renacimiento, es el más famoso de todos los libros contra la brujería. Es un exhaustivo libro sobre la caza de brujas que después de ser publicado en Alemania en 1487 tuvo docenas de nuevas ediciones, se difundió por Europa y tuvo un profundo impacto en los juicios contra las brujas en el continente durante 200 años aproximadamente.

Esta obra es notoria por su uso en el período de la locura y perfidia de la caza de brujas que alcanzó su máxima expresión desde mediados del siglo XVI hasta mediados del XVII; a pesar de que los más importantes teólogos de la Inquisición en la Facultad de Colonia condenaban el libro por recomendar procedimientos poco éticos e ilegales, al mismo tiempo que ser inconsistente con las doctrinas sobre demonología de la Iglesia.

Heinrich Kramer nació en Schlettstadt (Sélestat), ciudad de la baja Alsacia al sudeste de Estrasburgo, y a muy temprana edad ingresó en la Orden de Santo Domingo. Más tarde fue nombrado Prior de la Casa Dominica de su ciudad natal. Fue predicador general y maestro de teología sagrada. Antes de 1474 fue designado Inquisidor para el Tirol, Salzburgo, Bohemia y Moravia.

Jakob Sprenger nació en Rheinfelden (Suiza), ingresó como novicio en la Casa Dominica en 1452, se graduó de maestro en teología y fue designado Prior y Regente de estudios del convento de Colonia. En 1480 fue designado decano de la Facultad de Teología de la Universidad y en 1488 fue designado Provincial de toda la provincia alemana.

Se remitían constantemente a la autoridad del *Malleus Maleficarum* los principales autores y grandes demonólogos como el inquisidor italiano **Bernardo Rategno** da Como, el jesuita hispano-belga **Martín del Río** y el jurista francés **Jean Bodin**.

Kramer y Sprenger presentaron el *Malleus Maleficarum* a la Facultad de Teología de la Universidad de Colonia el 9 de mayo de 1487. La influencia del *Malleus maleficarum* se vio incrementada por la imprenta.

La fecha de 1487 es generalmente aceptada como la fecha de publicación, aunque ediciones más tempranas de la obra pudieron haber sido producidas en 1485 o 1486.

Entre los años 1487 y 1520, la obra fue publicada 13 veces. Después de unos 50 años, fue nuevamente publicada, entre 1574 y la edición de Lyon de 1669, un total de 16 veces.   El texto llegó a ser tan popular que vendió más copias que cualquier otro, aparte de la Biblia, hasta que El progreso del peregrino, de John Bunyan fue publicado en 1678.

El *Malleus Maleficarum* hizo accesible a un amplio público el concepto de la brujería demonológica, contribuyendo a la caza de brujas al atribuir autoridad y credibilidad a los procesos por brujería que ya existían.

Algunos autores sostienen que el Papa no podía saber lo que Kramer y Sprenger iban a decir en el *Malleus Maleficarum* y que sólo había publicado la bula para manifestar que compartía su inquietud por el problema de las brujas. Sin embargo, la posición de la Iglesia con respecto a las brujas agravó la crisis de las persecuciones y le dio su cariz particular incrementando el odio hacia las mujeres, además de encubrir las masacres. Las primeras grandes oleadas de caza de brujas son consecuencia directa del *Malleus Maleficarum* debido a su gran éxito editorial. Aunque la Iglesia nunca aprobó oficialmente la caza de brujas, fue en 1657 cuando prohibió esas persecuciones en la bula Pro formandis.

Traducciones contemporáneas de la obra incluyen una alemana del 2000, por los profesores Jerouscheck y Behringer, titulada Der Hexenhammer (la traducción de Schmidt de 1906 es considerada muy pobre), y una en inglés (con introducción) realizada por Montague Summers en 1928, que fue reimpresa en 1948 y aún hoy se encuentra disponible como una reimpresión de 1971 por Dover Publications. Una nueva traducción, completamente anotada por Christopher S. Mackay, la hizo en noviembre de 2006 la Cambridge University Press.

Lo más impresionante de esto eran las prácticas para hacer confesar a las brujas. Los inquisidores ya tenían las declaraciones escritas y torturaban mediante distintos artefactos a las brujas hasta que confesaran que sí. Bastaba con la palabra para que ellos dijeran que habían hecho tal o cual cosa. Todas las declaraciones eran muy semejantes y absurdas.

4.6. Las malas prácticas de los inquisidores

"La bruja reniega de Cristo y los sacramentos realizando un pacto con el demonio, en cuyo honor realiza ritos diabólicos en los que hace una parodia de la Santa Misa o de los oficios de la Iglesia, adorando a Satanás, príncipe de las tinieblas, al cual le ofrece su alma a cambio que le diese poderes sobrenaturales. Así, la brujería está directamente relacionada con el satanismo."

Los primeros a los que se persiguió fueron a los mismos clérigos nigromantes. Algunos inquisidores se negaban contra la tortura.

De hecho, la hoguera no era la primera opción, originalmente. La peor persecución vino de la misma gente, las persecuciones populares eran arbitrarias, indiscriminadas y no seguían absolutamente ningún procedimiento, efecto de la terrible ignorancia, el miedo y la estupidez.

Muchos juicios eran solicitados por la misma población, consideremos que era una población en contexto de enfermedades y muerte.

El procedimiento era el siguiente: se abría diligencia, se iniciaba encuesta entre los vecinos "encuestas de voz y fama". Los sospechosos eran arrestados y llevados a los tribunales. Las acusaciones eran la evidencia.

En este periodo de terror, se animaba a la gente a denunciar a otros e incluso a auto incriminarse. Después de esto el proceso era concluido en secreto. Aquí se aceptaban testigos que no eran aptos para otras causas, como niños y convictos y el acusado no tenía derecho a apelación.

En la mayoría de los primeros interrogatorios, el acusado mantenía su inocencia. Se hacía un test- examen de marcas o lunares (marcas del diablo que indicaban la pertenencia a sectas malignas) en espalda, hombros, algunas eran visibles al frotarlas con agua bendita o pincharlas con agujas. Se pedía sentencia condenatoria.

Pero la mayor parte de las veces esto no era suficiente para demostrar la culpabilidad y se procedía a "sentencia interlocutoria de tormento", donde los interrogatorios se hacían con ayuda de tormento judicial o tortura, tales como:

- Colgar a los acusados de pulgares, mientras se les interrogaba.

- Colgarlos con sus manos atadas a la espalda y añadían peso para incrementar el dolor.

Entre muchas más que surgieron posteriormente.

Juana de Arco y los caballeros templarios fueron acusados de venerar la cabeza de un gato. En realidad, se dice que había motivaciones políticas, más allá del celo religioso. Así, **Satán se convirtió en un chivo expiatorio**.

A continuación, presento una declaración, que obvio fue sacada mediante tortura, las acusadas no podían ni hablar, los textos ya estaban hechos y sólo se llenaba el espacio con el nombre:

Confieso ser bruja, haber sido iniciada (por algún otro nombre) quien me llevó ante "El macho cabrío".

Garreta le ungió las axilas y la exhortó a decir ¡Sube hija! Y tras decirlo, se encontró frente a la casa de Garrota y fueron por aire a una montaña. Vio a un hombre muy grande llamado el Diablo, vio a su alrededor a 20 personas, hombre y mujeres y algunos se burlaban y otros comían frutos.

El diablo les dijo que le besara su mano y así lo hizo y luego cree que le besó el culo y le rindió homenaje y lo tomó por señor, abjurando así del creador. Y le prometió que haría el mal siempre que pudiera y que nunca lo confesaría. Cada año recibía la comunión. Después tuvo relaciones sexuales con el Diablo, dijo que tenía muy frío el miembro.

Más que reales revelan patrones de interrogatorio basados en tratados sobre lo que se suponía era ser bruja.

La magia maléfica era la principal preocupación; sin embargo, el diablo hacía su entrada con ayuda de los interrogadores.

4.7. Hechicería en la Nueva España

En la Nueva España se realizaban prácticas de hechicería. Aunque aún se piensa que **hechicería y brujería** son sinónimos; en dicha época cada palabra tenía su propio matiz.

Había tres tipos de magia tipificados en ese entonces:

- **La astrología judiciaria**. Se relacionaba con la nigromancia porque se precisaba de un libro. No era común.

- **Brujería**. Cultos sectarios en los que se adoraba al demonio.

- **Hechicería**. Incluía la curandería y la adivinación.

La palabra **"bruja"** se popularizó en los siglos XIV al XVII en la Nueva España. Se dice que fue una invención de los hombres para designar a las mujeres que tenían las características de las hechiceras, pero con la idea de que un ser maligno les otorgaba poderes, fórmulas y objetos para hacer maleficios. Sus acciones no eran por sabiduría sino por mantener un pacto con el Diablo.

Originalmente la iglesia era escéptica, pensaba que las brujas confundían lo que veían o hacían por consumo de alucinógenos, por ello en un principio no era considerada grave, pero sí posteriormente, cuando se habló de que la bruja invocaba al demonio y juraba servirlo. Se consideraba apostasía porque se renunciaba a la fe de cristo y la iglesia para adorar al demonio.

Se señalaba lo siguiente:

A los demonios que más se invocaba eran a la terarquía infernal: **Barrabás, Satanás, Lucifer** y **Belcebú**. Aunque Barrabás no era un demonio, se adoptó como tal. Los demonios se acompañan de una corte de demonios menores. Al invocarlos se dirigen de forma violenta a la persona de quien se desee el amor hasta que vaya a sus brazos.

Algunos **animales** se consideraban mensajeros infernales: galgos y liebres. Perros negros. Liebres porque viven bajo tierra y tienen un frenesí reproductivo muy grande. Son animales rápidos, porque ayudan en la urgencia, desesperación de la persona por que retorne el ser amado.

Iban a lugares donde estuvieran los seres infernales, como casas de juegos, prostitución, se invocaba a los seres de esos lugares, vinculados con las características del lugar.

La marca de la bruja tenía forma de la cabeza de liebre. Se buscaba para ver si era o no culpable.

4.8. La mujer en la Nueva España

En la Nueva España también, tanto la hechicería como la brujería eran sancionadas por el Santo Oficio de la Inquisición según la falta que cometieran y la gravedad del asunto, pues se consideraban supersticiosas; esta institución se encargaba de identificar dichas prácticas, ya que atentaban contra las creencias de la Iglesia Católica. El Tribunal del Santo Oficio de la Inquisición llegó a América a finales del siglo XVI, en un inicio implementó las normas establecidas en España; posteriormente gestionó sus propios procedimientos de acuerdo con las particularidades sociales, económicas y culturales del territorio conquistado.

Las mujeres en esta época se desarrollaron en diferentes actividades, como encomenderas, trabajo en las minas o de obrajes, de comercios, de haciendas y de arriería; también en las labores domésticas, en las artesanías, la prostitución, y la esclavitud.

La mujer era considerada como el sexo débil. En la sociedad novohispana debía seguir el patrón de la identidad femenina: ser bella, pudorosa, ama de casa y buena esposa; el otro camino común era enclaustrarse. La mujer sufría el ideal de un matrimonio que no correspondía con su realidad, sino que se presentaba el desengaño y la infidelidad, además del temor de perder el reconocimiento social de estar casada; razón por la cual se acercaban a las prácticas mágicas o se convertían ya sea en hechiceras o en brujas.

Los propósitos más comunes por los que se buscaban los servicios de las brujas o hechiceras eran para **sanar el mal de amores**, **atraer a la persona amada** o **contactar con espíritus de personas fallecidas**.

Algunos de los **encantamientos** eran, por ejemplo:

Para que a una mujer la quiera su hombre: darle sangre de su menstruación en el chocolate. También sirve el darle a beber el agua en que se lavaron las faldas usadas durante la menstruación; pero hay que tener cuidado pues si esto lo descubre el hombre le tomara aborrecimiento a la mujer y ella nunca más lo volverá a ver.

Entre las hechiceras de la Nueva España se encuentran Leonor de Isla (Veracruz), Catalina Mendoza (Veracruz), Catalina de Olivares (Michoacán) y Gertrudis Dávila (Michoacán), quienes se conocen por realizar conjuros.

Y la **brujería** se concebía como pacto implícito con el demonio, conlleva demonolatría y apostasía. Actividad realizada por una secta contraria a los cristianos. Era la que recibía castigos más severos por la Santa inquisición.

4.9. Las prácticas de la que se les acusaba

Incluso se les llegó a acusar de: orgías, sodomía, incesto, baños de sangre e invocaciones. Eran invocadores y adoradores de demonios, modelaban figuras de seda y profanaban los sacramentos.

La sociedad medieval creía fuertemente en el poder de los rituales y su perversión.

A finales de la edad media las brujas ya eran criminales en Europa, el estereotipo de la bruja era de magia maléfica. De acuerdo con los inquisidores y la gente, se caracterizaban por:

Adivinación: había ordenanzas legales contra la adivinación del destino de reyes y súbditos, eran las **_"divini"_** o "adivinadoras". Se les condenaba a ellas y también a quienes las consultaban.

Nigromantes: Viene del griego "*necros*" (de muertos) y "*manteia*" (adivinación), gente que medía o adivinaba con los muertos para conseguir respuestas y provocar el mal.

Tempestari: Influían en los fenómenos atmosféricos, provocaban relámpagos mediante conjuros mágicos.

Naturaleza peligrosa y diabólica: Leían la naturaleza peligrosa de sueños premonitorios y llevaban a cabo rituales mágicos hechos por los **_"magi"_** o los **_"sortilegi"_** o **_"sorcerers"_**.

Además efectuaban:

- Vuelos nocturnos.
- Reuniones nocturnas con el diablo.
- Apostasía (renuncia a creencias religiosas).
- Pactos con el diablo.
- Causaban enfermedades o muerte por distintos medios.

Algunas otras actividades de las que se les acusaba eran:

- Haber preparado ungüentos venenosos para matar o para enfermar a la gente y vecinos.

- Haber provocado tormentas de granizo para destruir cosechas.

- Haber entrado en las casas por la noche para aplastar a bebés en la cuna.

- Tenían relaciones sexuales con demonios.

- Matar a niños en general.

Se condenaba contra prácticas de creer en las influencias de las estrellas, rituales en árboles, amuletos, fuentes o tumbas; creer en hadas o ejércitos nocturnos, dejarles alimento y bebida durante la noche, rituales para proteger a los niños.

Se consultaban para evitar la mala fortuna, consejo de futuras empresas, curar enfermedades y para temas de amor.

Las brujas principalmente practicaban sanación con hierbas, pociones, nudos mágicos, hechizos y amuletos.

Hacían conjuros con símbolos pintados en el piso, hacían hechizos con pan, granos de trigo, cuchillos, hierbas o piedras, unían almas de hombres y mujeres, prevenían, sanaban enfermedades, encantaban animales, curaban del mar de ojo, contra maleficios, predecían el futuro, encontraban objetos perdidos.

Se dice que andaban con espíritus femeninos en las noches "Las buenas Damas", las hadas de la noche.

Pero ahora, en lugar de ser acompañadas por las hadas, éstas se habían convertido en demonios.

Todas estas actividades que derivaban del contacto con fuerzas divinas y de la naturaleza e implicaban una profunda sabiduría, ahora eran inspiradas por el demonio. *"Las hierbas y los amuletos no tienen ningún poder en sí mismos, los demonios han inventado sus objetivos para esclavizar a la humanidad y alejar a la gente de Dios",* decían.

46

Y debo confesar que sí, todas estas últimas las seguimos llevando a cabo.

Las brujas tenían en realidad un profundo arraigo en la gente.

Fue difícil para las autoridades eclesiásticas erradicarlas.

4.10. Resultados de la Santa Inquisición

Los efectos del *Malleus Maleficarum* como inspiración a la Santa Inquisición se esparcieron mucho más allá de las fronteras de Alemania, causando gran impacto en Francia e Italia, y en menor grado en Inglaterra. La inquisición se extendió, además, durante siglos por España, Portugal, la llegando hasta América.

Los cálculos de la cantidad de mujeres quemadas por brujas varían de 60,000 a dos y cinco millones según los distintos autores.

La Inquisición una mancha terrible, de intolerancia, injusticia y estupidez en las mentes enfermas y llenas de odio de la humanidad.

Todas las calumnias, las invenciones, las mentiras y envidia se albergaron muy en el fondo de todos los seres humanos, y la descalificación está presente aún ahora.

4.11. La brujería aún se castiga hoy

Aunque ya no estamos en esas épocas terribles, consideremos que la última ley en contra de las brujas se derogó en 1951 en Europa.

Aún en la actualidad en algunos lugares; por ejemplo, en América Latina el pueblo castiga a l@s bruj@s y hechicer@s.

Esto es resultado de la negación y de la histeria colectiva, una falta del reconocimiento de la propia sombra, la cual es proyectada en otra persona considerada libre, muchos no soportan esto; además de los fines políticos involucrados.

En las naciones islámicas podemos encontrar todavía denuncias por hechicería, en contra de mujeres, grupos étnicos, algunos trabajadores extranjeros y otros grupos minoritarios. En Arabia Saudita hay una unidad oficial anti-brujería que se encarga de atrapar a hechiceros y deshacer sus conjuros.

Un conductor popular de televisión en Líbano fue arrestado durante su peregrinación a la Meca en 2010. Había sido sentenciado a muerte, pero la Suprema Corte saudí lo liberó argumentando que no había dañado a nadie tras la presión del gobierno y grupos de derechos humanos.

En Tanzania en 2012, 600 mujeres ancianas fueron asesinadas por cargos de brujería. En África, el dictador de Gambia, Yayha Jammeh en el periodo entre 1996 y 2017, detuvo, torturó y ejecutó a sus ciudadanos en su labor de cacería de brujas. Y así hay varias regiones en África donde mujeres son acusadas por charlatanería y brujería.

Cerca de 150 mujeres son torturadas y asesinadas cada año en la India, acusadas por brujería.

Allá se acostumbra sacrificar animales a ciertas divinidades para lograr mejores lluvias y cosechas. Incluso han llegado a sacrificar a humanos.

Me gustaría incluirte aquí algunos mensajes que he recibido en redes sociales de personas fanáticas, que de verdad me dan mucha risa:

"Los hechiceros no heredarán el reino de Dios".

"Levíticos 20:27 Deuteronomio 18:10-14 levíticos 19:31".

"El infierno sí existe".

"La magia del diablo: los milagros de Dios"

"Te van a agarrar los chicos de la obscuridad, ellos atrapan brujas".

"Bruuujaaa, echicera, apostataa, hermana del diablooo." (Con todo y la mala ortografía).

"Todo ritual son puertas abiertas a los demonios, incluso las velas".

"El creador está eternamente enojado con la brujería arrepiéntete de tus pecados, arrodillate ante Jesucristo...".

-"No mientas, tú hablas filosofía del demonios que no asecta la verdad de Cristo porq la palabra de dios no halla cabida en ti". (Con sus faltas de ortografía correspondientes).

CAPÍTULO 5

LA BRUJERÍA EN LA ACTUALIDAD

Se le llama de diferentes maneras al Antiguo arte (*The Old Craft*), y en la actualidad existe una discusión acerca del nombre que se le debe dar. Hablemos de cómo se le conoce en la actualidad.

5.1. Witchcraft

Witchcraft u **Old Witchcraft** está mucho más apegada a las raíces de antaño, es un conocimiento que se va pasando de generación a generación. Tiene símbolos y prácticas de hechicería, algunas son muy similares a las que se conservaron en Modern Witchcraft.

Las viejas tradiciones tienen orígenes pre-cristianos y su magia deriva de los periodos del neolítico y paleolítico. Las viejas tradiciones son muy simples y básicas, tomando energías primarias de la naturaleza, han preservado la antigua sabiduría y la magia de nuestros ancestros.

Se cree en los 3 planos y en el otro mundo que tiene estos tres planos a su vez. Es un camino místico iniciático que guarda culto a la Diosa.

Wicca de alguna manera es llamado también **Modern Witchcraft**. No se sigue al pie de la letra la tradición antigua, pero sí algunos preceptos y prácticas.

5.2. Wica

Wica surge en los 70´s para separar las tradiciones de la antigua brujería (Old Witchcraft) y las nuevas religiones de los 60´s que eran eclécticas. Querían conservar los linajes. Es Witches International Craft Associates.

5.3. Wicca

La brujería moderna como tradición es llamada Wicca o Modern Witchcraft. Es una tradición que trata de retomar las viejas costumbres paganas, por ello se le denomina neopagana ecléctica donde se permite discutir acerca de las iniciaciones; sin embargo, incorpora prácticas de diferentes tradiciones espirituales como el induismo, budismo, kabala, astrología, stregheria, etc., algunas veces sin profundo conocimiento, aunque no debemos generalizar.

Ilustración 13.Gerald Gardner.

Es un movimiento New Age que se popularizó al derogarse la última ley en contra de las brujas en Inglaterra en 1952. Gerald Gardner toma la palabra y escribe *Witchcraft Today*. Gardner torna la wicca como ritualística basada en algunos ritos masones.

Se siguen los ritos ceremoniales de la rueda del año: 8 sabats y los ritos lunares: 13 esbats. Trabajamos con las herramientas mágicas y practicamos la adivinación y sanación.

Las iniciaciones se pueden hacer en un coven o las personas incluso pueden auto iniciarse.

Anteceden en publicaciones relacionadas con la brujería: Margaret Murray y su libro *El Dios de las brujas*. (Visión desde el punto de vista judeocristiano) 1921. James Frazer con un estudio antropológico *La Rama Dorada* 1890.

Algunos autores wiccanos conocidos son: **Scott Cunninghmam, Raymond Buckland, Raven Grimassi, McCoy, Doreen Vortue.** Lamentablemente algunos de ellos murieron recientemente.

La palabra wicca deriva de *witcha*, con raíces *wic* y *wit*, vocablos anglosajones que, como ya hemos señalado, significan sabio o erudito.

Ilustración 14. Wicca.

Wicca, conocido también como Modern Witchcraft, o Vieja Tradición, es "un estilo de vida, una forma de ser; una filosofía ecológica, una ética y una visión artística". Ser wicca (o bruja (o)) es alguien que venera a la naturaleza y percibe a la divinidad como la conciencia masculina y femenina; el practicante se convierte en parte de un mundo multidimensional, es reconocer otras dimensiones y reinos. Es reconectarse y alienarse con las fuerzas de la naturaleza, la Gran Diosa, sus ciclos y la magia; es comunicarse y trabajar con las energías ancestrales, de otros mundos, como las hadas, los dioses y los guías. Es reconectarse con lo sagrado y la propia divinidad mediante rituales que recuerdan quién eres y tu papel en el mundo como servidor y descubridor de misterios.

Cualquiera que sea la especificación de la práctica, porque debemos considerar que cada una de ellas se ramifican, el o la practicante se denomina **brujo o bruja.**

Lamentablemente cuando se empezó a popularizar Wicca, algunas personas comenzaron a retomarla distorsionando su filosofía. Debido a que algunos representantes no fueron iniciados por algunas antiguas escuelas de magia, comenzaron a iniciarse a sí mismos. Por tal motivo cualquiera que tuviera un básico conocimiento podía iniciarse siguiendo las instrucciones de un libro, tal es el motivo de que esté desprestigiada en la actualidad. Sin embargo; las bases de este conocimiento son válidas para los estudiantes serios y las personas que se interesen en entrar en los misterios.

La brujería moderna esta permeada de una serie de influencias culturales desconocidas en el antiguo mundo de la brujería europea. En la actualidad se encuentran en wicca influencias judías como la Kabalá, también se encuentran elementos de la India y el lejano oriente (chakras, energía, karma, mudras, mantrams). Hay otras influencias como la Francmasonería, chamanismo, magia egipcia y otros. Se relacionan diferentes tipos de conceptos y enseñanzas.

Debido a la caza de brujas, éstas debían esconderse para seguir con sus tradiciones, y se vieron aisladas, aunque se llegaban a reunir en algunas ceremonias o en la Noche de San Juan.

Por lo mismo con el paso de los años se fueron haciendo diferentes ramificaciones en Europa y se fueron adaptando a los chamanismos locales.

5.4. Ramas Wicca

Dentro de la misma wicca hay diferentes ramificaciones.

Británica (Wicca británica)

Fundada por Janet y Stewart Farrar, sus prácticas manejan la dualidad Divina de lo masculino – femenino. Aportaron grandes estudios y el libro titulado "La Biblia de las Brujas". Esta tradición es una mezcla entre la Wicca Celta y la Wicca Gardneriana. Fue muy popular en Europa en los años 60's. Es una importante influencia en la creación de los rituales de paso y las ceremonias del año.

Cunningcraft

Es el camino de los cruces o cruzados o gente astuta. Su símbolo más importante es un puente. Es una especie de brujería relacionada con los romanos. Se manejan conceptos de mujeres y hombres sabios que practicaban la religión de sus ancestros (familiar).

Los dioses principales son una diosa lunar con 3 aspectos y un dios dual - astado, lobo y hay otro que no tiene rostro. Y el Espíritu que es la unión de los dos.

Hay 8 Sabats, 14 Esbats y hay 4 ritos de paso y 3 grados fundamentales. Sólo se inician entre familias ya sean de sangre o adoptivas. Se enseña abiertamente la tradición mas no los secretos de iniciación. Lideran los clanes y se trabaja en covens.

Diánica

Tradición del oeste de Europa y muy difundida actualmente en los Estados Unidos por Zsuzsanna Budapest. Esta tradición fue acusada de ser un movimiento feminista en la religión. Es una mezcla de muchas tradiciones, se basa en el culto a lo femenino y a la Diosa Diana (de la mitología griega y romana). No admiten varones en sus rituales y sólo trabajan con el lado femenino de la Divinidad excluyendo al Dios o aspecto masculino.

"Sociedad de Diana" (314 DC) es una sociedad muy conocida por sus rituales feministas.

Gardneriana (Wicca Gardneriana)

Esta es una de las ramas más conocidas ya que Gardner fue su fundador y es quien le da el nombre de wicca, por lo que es considerado el padre de la tradición. Gerald Gardner en 1952 da a conocer una nueva forma de práctica espiritual proveniente de la Druidería. Publica el libro: *Witchcraft today* y cambia el curso de la historia de la magia en todo el mundo. El comenzó sus estudios con Doreen Valiente (druidesa) y posteriormente compartió su camino con Ross Nichols (jefe fundador de la OBOD) hasta crear una práctica mágica con una estructura estricta de grados jerárquicos debido a que Gardner también fue practicante de la masonería. Los que la practican la wicca gardneriana individualmente se mantienen en secreto y se inician en grupos de estudio debido a que se prohíbe la autoiniciación. El papel del varón está por encima del de la mujer y el culto, aunque incluye ambos aspectos (femenino – masculino) se inclina más hacia la energía solar o masculina.

Reclaiming

Es una rama de wicca fundada por Star Hawk en U.S.A que mezcla los conocimientos de los celtas, las tradiciones de los cuentos de hadas y prácticas chamánicas siguiendo el camino de la Diosa y haciendo uso del tambor y las danzas sagradas en sus rituales. Bruja, sacerdotisa y activista, es la autora del libro titulado *La danza en espiral*. Es una influencia importante para la tradición Wicca Celta Faery en la creación de los rituales del año y los viajes mágicos.

Wicca Celta Faery

Práctica espiritual que surge en América y busca unir las enseñanzas de los druidas con la magia natural, los principios wicca, las tradiciones y leyendas celtas, el folklore del reino de las Hadas y otros seres de la naturaleza hasta crear una combinación de éstas y fundar las bases de una nueva rama de wicca a la que se le da el nombre de: Wicca Celta Faery. Es un camino espiritual basado en el amor y respeto a la naturaleza, que sigue el calendario celta de los árboles del Ogham, las celebraciones de los días sagrados de la tierra, utiliza los nombres de los Dioses y mitos celtas, celebra las lunas llenas del año, los ritos de paso por la vida y sigue las prácticas espirituales de los druidas y la magia natural; el trabajo con los elementos y el contacto con los espíritus de la naturaleza, las hadas.

Seax Wicca

Fundada en 1973 por Raymond Buckland quien creó está tradición sin romper la idea original Gardneriana. Su contribución a la tradición es muy importante ya que permite la autoiniciación y el uso de ropa en los rituales a diferencia del nudismo practicado en la tradición Gardneriana. Es principalmente masculina o solar. Modificó el calendario de los rituales basándose en los ciclos de cacería y cosecha en vez de los cambios estacionales. De él viene la idea de que todo mago puede auto iniciarse como sacerdote o sacerdotisa si se siente preparado.

Wicca Celta

Está tradición está muy vinculada con la tierra, la naturaleza y sus espíritus; las hadas. Trabaja con la energía Divina como una dualidad masculino-femenina y los nombres de los Dioses y Diosas del panteón celta. Estudia a los dragones como parte fundamental de la magia y celebra la rueda del año como se hacía dentro de la Druidería. La mayoría de los conocimientos de brujería moderna europea nacieron a partir de esta rama de wicca. Una de sus exponentes es D. J. Conway.

Stregheria

Strega es la **stregheria**, una clase de religión politeísta italiana, continuación del paganismo itálico de forma casi ininterrumpida desde la época de los etrusco-romanos.

Ilustración 15.Stregheria

Existe cierta confusión entre las palabras Stregoneria y Stregheria. Para denominar genéricamente a toda la brujería de diversas partes del mundo, los italianos la llaman Stregoneria, mientras que para la brujería originaria únicamente de la península itálica, o *Vecchia Religione* (vieja religión), se denomina como Stregoneria italiana o también le dan el término medieval Stregheria. Por esta razón, la Stregheria (o Stregoneria italiana) es un tipo de Stregonería.

Stregheria significa brujería en italiano arcaico y ha sido la corriente de mayor influencia para la wicca.

El autor Raven Grimassi escribió una obra fundamental de la stregheria denominada *Italian Witchcraft: The Old Religion of Southern Europe* en 1995, sin embargo, desde 1980 ya enseñaba lo que él llamaba la tradición Aridiana. Grimassi ya sabía que la Stregheria había influido a la wicca, por lo tanto, para reescribir los conocimientos de la magia itálica recuperó elementos desde la wicca gardneriana, ideas inspiradas del libro *Aradia*, o *El evangelio de las brujas* (1899), de Charles G. Leland, e información propia que había sido transmitida por sus antepasados. El nombre "Aradia" se debe a Leland, que reclamaba que Erodiade (el nombre italiano de Herodias) fue objeto de un culto de brujería en la Toscana italiana del medioevo. Desde 1998, Grimassi ha abogado por lo que llama la tradición Aridiana, descrita como una variante de "nivel iniciático" de la religión, que incluye una ceremonia de iniciación.

Según Raven Grimassi la Stregheria deriva de los antiguos cultos etruscos que se mantuvieron en la cultura rural itálica aún después del nacimiento del Imperio romano y se preservaron de manera paralela a la religión oficial del Imperio: el paganismo greco-romano. La Streghería se mantuvo al margen de la Iglesia católica ya que muchos de los brujos y brujas rurales italianos mantuvieron su religión tradicional en secreto mientras para el resto de la sociedad señalaban ser católicos. Gran parte de esta tradición se mezclaría posteriormente con la cultura gitana. Por esta razón sería precisamente una gitana llamada Magdalena la que iniciaría a Charles Leland en el mundo de la Streghería.

Girolamo Tartarotti señaló en su obra ***Apologia della Congresso Notturno Delle Lami***e, en 1751, que la Stregheria es una brujería italiana que le rinde culto a la diosa Diana. Por otra parte, el etnohistoriador italiano Paolo Portone ha demostrado que el culto a Diana está presente en las actas de los juicios de las brujas más tempranas, incluso en el Canon Episcopi (906 d. de C.).[1] Además, contrastando los juicios celebrados ante el inquisidor de Milán en 1384 y 1390 de la Sibila de Laria y Pierina de Bugatis, Portone ha demostrado cómo los inquisidores construyeron creencias en torno a las "brujas malvadas" directamente de la adoración pagana a Diana.

La Streghería se haría pública primordialmente con la publicación de *El Evangelio de las Brujas* en 1899, por Charles Leland, que narra una gesta mesiánica pagana en donde Aradia, una hermosa bruja y hermana del dios latino Lucifer, comienza a predicar la religión de la Brujería en la Edad Media, siempre perseguida por la Iglesia y profetiza que algún día regresaría para hacer de la Brujería la religión mayoritaria del Mundo y establecer el renacimiento de esta práctica.

Se dice que la misma Aradia es la Diosa Diana, y Lucifer es Dianus, el mito de su unión es una representación de los mitos originarios creacionales.

Desde entonces la Streghería se popularizó hasta convertirse en una de las tradiciones más conocidas y practicadas de la Brujería y el neopaganismo modernos.

Raven Grimassi, afirma que Aradia fue una figura histórica llamada Aradia di Toscano quien dirigió a un grupo de "brujas adoradoras de Diana" en siglo XIV en la región italiana de Toscana. Grimassi señala que la Aradia que aparece en la obra *El Evangelio de las Brujas*, de Charles Leland, es una "versión cristianizada distorsionada" la cual no muestra la historia verdadera de Aradia.

Witta

Es un tipo de wicca basado en las tradiciones celtas, el folklore de las hadas y las tradiciones de raíces escocesas e irlandesas. Una de sus practicantes y promotoras es Edain McCoy desde U.S.A. Ella nos aporta diccionarios sobre hadas, Diosas, Dioses, héroes y heroínas celtas.

5.5. Llamarse Bruja o Wicca, ¡qué más da!

En la actualidad hay unas brujas a las que no les gusta llamarse wicca, supongo que es porque ya cualquiera que tenga creencias paganas puede hacerlo, muchas veces se mezclan conceptos y se mimetizan con todo el menú de creencias. Incluso algunas brujas que tienen mayor influencia sobre la gente aclaran que "no son wiccas". Creo que realmente no importa *"What´s the point?"*, cada quién que se llame como quiera, lo que hay que pensar siempre es: "Soy más que eso" no me importa cómo me llamen, bruja, maga, hechicera, sacerdotisa, ¡como sea! No deja de ser una etiqueta. No nos vamos a detener en conceptos, caeríamos en lo mismo que hizo que mataran a muchas de las nuestras en la Santa Inquisición. Lo importante es el tributo y cuidado que le damos a la naturaleza y en nuestras creencias en cosas inmateriales, en nuestras creencias en las fuerzas y los ciclos. Honrar a la Diosa y sus formas de suavidad y fluidez no de rigidez y unicidad, ¿Qué somos entonces?

Debemos ser sistémicas, orgánicas, holísticas, si nos decimos BRUJAS, nosotras mismas no deberíamos seguir algo lineal o rígido, nosotras mismas deberíamos adaptarnos.

Para aclarar por qué sistémicas: Un sistema es un grupo de elementos que se relacionan entre sí, y se relacionan orgánicamente con su entorno y eso es mirar, al ser una bruja, la belleza y la magia en TODO, la presencia divina en TODO, ser sistémico es ser holístico y mirar la interrelación de energías en todo lo que existe.

No importa cómo me llamen mientras no altere mi integridad.

5.6. En general

De esta manera concluimos que la palabra BRUJA está relacionada con la sabiduría, y así es, se considera el antiguo arte de la sabiduría de las fuerzas del universo.

En la actualidad, las brujas en general vemos la vida de una manera más ligera, no tan rígida. Así es que discutir acerca de los términos iría en contra de la naturaleza misma de la brujería; sin embargo, para determinar quién es una verdadera bruja, se debe tener conocimiento, decir bruja sólo por decirlo, es incorrecto; sin embargo, así se usa popularmente para designar a cualquier persona relacionada con la energía, la magia, el psiquismo y otro tipo de dones sobrenaturales y ¡qué le vamos a hacer!

CAPÍTULO 6

CREENCIAS DE LAS BRUJAS

Wicca es una tradición muy ligada a la naturaleza, a los ciclos de la Tierra, la energía de la Luna y a lo que en algunos grupos se le llama a la Gran Fuerza Creadora, **Diosa** en lugar de **Dios**. Se reconoce la parte femenina de la divinidad.

Ser wicca es vivir en unidad con la Deidad, es honrar a la naturaleza y todo lo que está en ella, para reconocer la vida en todas las cosas y estar en armonía con ella.

6.1. Creencias de las brujas

Conceptos que comparten la mayoría de las ramas de wicca son:

➤ Creemos que el poder creador del universo se manifiesta a través de la dualidad, masculino-femenino; sabiendo que uno es complementario del otro.

➤ Creemos que existen nombres distintos para referirnos a la Divinidad y no dioses distintos, por lo que respetamos todas las religiones.

➤ Consideramos que las imágenes de Dioses y Diosas sólo son representaciones que los hombres han creado como formas para vincularse con la Divinidad, pero no creemos que las imágenes sean la Divinidad misma.

➢ Creemos en el Gran Espíritu como la fuerza vital.

➢ Manifestamos un profundo respeto y amor por la naturaleza, buscando el equilibrio ecológico como una forma de vida.

➢ Respetamos a la Madre Tierra como nuestro hogar y sustento.

➢ Seguimos las tres leyes básicas de ética y la Rede Wicca.

➢ Celebramos los días sagrados de la Tierra. Las cosechas y los cambios estacionales. En un calendario de 8 celebraciones anuales (Sabats).

➢ Consideramos a wicca un camino escogido en la edad adulta, no como una religión heredada.

➢ Se aceptan prácticas y creencias de otras tradiciones, con el fin de lograr una tradición espiritual integradora y no excluyente.

➢ Consideramos a la magia como una forma de contactar con el poder de la naturaleza y como una forma de crecimiento personal.

➢ No seguimos ningún libro específico o doctrina revelada.

➢ Nuestros templos son escenarios naturales o nuestro propio hogar.

➢ Creemos que el bien y el mal son conceptos concebidos por los hombres no por la naturaleza, por lo que la magia, el poder y la energía; no puede ser buena o mala, blanca o negra; toda es una y la forma en que la usamos nosotros es lo que marca la diferencia.

➢ No aceptamos el concepto de ninguna entidad conocida como Satán o Diablo.

➢ Creemos que todas las personas somos libres de llevar nuestro camino espiritual de la manera que hayamos elegido, sin que uno sea mejor que otro.

➢ Creemos en guías y maestros espirituales, así como en los espíritus de los ancestros que nos acompañan en nuestro proceso de evolución.

6.2. ¿Las brujas creen en el diablo?

No, este arte se generó en la época pre-cristiana muchos siglos antes de que surgiera el concepto de Satanás o el diablo en esta región. Conocido como Witchcraft (brujería), en el sur de Europa, se le considera como una religión. Eventualmente, con el fin de lograr una relación con otras regiones del mundo, conceptos extranjeros se fueron adoptando. Este concepto y creencia de que las brujas adoraban a Satanás tomó lugar muchos siglos después de que existieran las brujas y de que las mismas aparecieran en la literatura de Europa donde se les describe como devotas a la Diosa. El concepto de Satanás o el Diablo es un concepto que surgió esencialmente en el Medio Oriente. Está basado en las visiones primitivas de las tempranas civilizaciones en esta región. El carácter conocido como Satanás, incluso hoy, tiene sus raíces en la religión de los hebreos. A través de los siglos esta figura se retomó en el Nuevo testamento. En este periodo Satanás era la personificación del mal. La wicca no tiene una personificación del mal, ni antiguamente ni ahora. Este concepto de Satanás no tiene lugar en las mentes y los corazones de las brujas.

6.3. ¿A qué divinidad veneran las brujas?

En la literatura antigua a las brujas se les relaciona con varias Diosas. Las Diosas están asociadas con la Luna. Otras Diosas son figuras de la Madre y están asociadas con la fertilidad y la Luna. Cada Diosa por lo general está asociada con un consorte masculino. Uno de los textos más antiguos sobre esto aparece en el siglo 6º en los escritos de San Martín de Braga, mencionando a Diana y Dianus. La idea de un Dios Todopoderoso es judeo-cristiana. Cuando se pregunta a las brujas diremos que veneramos a la Fuente de Todo lo que existe. Simplemente utilizamos diferentes nombres para referirnos a la divinidad.

La Diosa tiene sus misterios y significados, era vista como la creadora, el símbolo del nutrimento, de la naturaleza, de la creación, de los misterios. La Diosa en su fase de anciana o arpía, es la Diosa Oscura, de donde todo viene y a donde todo va, es lo anterior a todo, es el caldero, donde todo se crea y se transforma.

La Diosa originalmente era el fuego, era Vesta o Hestia. También el agua de las grutas, la naturaleza, el cielo estrellado, el cuerpo, la vida y la muerte. Originalmente se le conoció en su aspecto triforme: Diosa doncella, madre y anciana, encontrando en la Diosa Hécate su plena expresión:

Hécate diosa triforme (doncella, madre y anciana), diosa guardiana de las puertas, diosa del cruce de caminos, un lugar entre los mundos, puerta. Símbolos: la llave que garantizaba el acceso o cerraba el camino. Antorcha, dos antorchas, una ilumina el camino de sus seguidores y la otra revela otros caminos, caminos diferentes para que haya movimiento. También era vista como la diosa que era consultada cuando se tenía que escoger o tomar decisiones.

Es el fuego de la voluntad, pasado, presente y futuro, en el futuro es la visión y la voluntad. Ella no te dirá por dónde es el camino, sólo lo ilumina para que lo veas y decidas. Es como la luz de la Luna que ilumina en la oscuridad.

Las principales diosas con las que trabajamos las brujas además de Hécate son: Cerridwen, Freya, Morgana, Cali, Lilith, entre otras. Estas son diosas llamadas oscuras debido a que trabajan con la tercera fase de la Luna, es decir, el cuarto menguante que corresponde a la diosa sabia.

6.4. Aradia

Ilustración 16.El árbol de los penes.

Grimassi afirma que es una mujer real y que ella originó las reuniones de la sociedad de Diana o Herodias. A Diana se le llamaba "La reina de las hadas".

Aradia fue mandada a la Tierra por la diosa Diana para enseñar el antiguo arte, es considerada como un avatar.

Reactivó la vieja tradición, hacía las reuniones de las brujas en círculos y se consideraba una libertadora. Las reuniones de la sociedad eran llamadas "tregendas", se dice que ahí hablaban con la gente muerta.

Diana era considerada la Diosa de la luna y de la cacería.

Los inquisidores llegaban a decir que el demonio aparecía en la forma de Diana, por los dioses... ¡Qué ridículos!

El árbol sagrado es muy importante y lo era para las brujas de Benevento. El nogal estaba íntimamente relacionado con diana, las hadas, las brujas, los espíritus y otros seres.

6.5. Tradición

En la actualidad la brujería en español o Witchcraft en inglés es una **tradición** más que una religión. Se sustenta lo anterior debido a que para ser religión debe tener un templo, un máximo representante y un libro sagrado revelado. En la brujería no hay un libro revelado, ese cada quien lo hace y se denomina "Libro de sombras", las revelaciones o mensajes se reciben en cada ceremonia, el templo es la naturaleza y no hay un máximo representante, éste toma un papel en cada ceremonia y se llama Sumo sacerdote o sacerdotisa.

Es una tradición oral que no considerada religión propiamente, reiterando en los siguientes puntos.

• No hay libro oficial o tradición revelada. Revelación personal.

• No hay representante oficial.

• No hay templo específico. Es la naturaleza.

• No hay jerarquías, ni grados de poder ante otro o superioridad.

• Celebramos 8 rituales al año.

• Coven o grupo. Convivimos, nos reunimos, es como una convención o cofradía.

68

6.6. Las herramientas de la bruja

Las herramientas con las que comúnmente se relaciona a la bruja son el sombrero para conectarse, el **caldero** para transformar y crear, la **escoba** para acceder a los mundos, la **vara** para activar, el **athame** para canalizar la energía, el **cáliz** símbolo de las aguas de vida y la diosa y finalmente su acompañante, **el gato**. Estas herramientas principales corresponden a los elementos.

Ilustración 17.Las herramientas de la bruja por Samak.

Estas herramientas tienen un significado, más allá de los usos cotidianos, le sirven a la bruja para contactarse con fuerzas mágicas y misteriosas y llevar a cabo un proceso de transformación en magia.

6.7. Witchcraft y los ritos mistéricos

La bruja redescubre su conexión interior con el balance de la materia y el espíritu. En el proceso, una transformación toma lugar, guiada por la misma enseñanza de los misterios. Estos misterios son conductores del flujo del conocimiento y sabiduría antiguos. Se van enseñando al estudiante a través de metáforas en los rituales. En la iniciación se pasa la llave de la cadena de memorias. En la iniciación la personalidad mundana da lugar al proceso real de individuación del alma (su verdadera naturaleza desde antes de encarnar, algunos le llaman el *Higher self*). Una vez iniciada, la persona ya no vive el día a día, cada día y momento es un proceso de evolución. Una vez que la conciencia superior opera libremente sin la intervención de la personalidad o el ego, entonces el iniciado empieza a percibir cosas que estaban escondidas desde una mirada ordinaria.

La alienación con el ser superior establece la conexión activa en un nivel superior de existencia. En este nivel, la voluntad del iniciado influye directamente en los planos superiores e influencia los reinos que hacen que la manifestación ocurra. Esto hace que los cambios ocurran de acuerdo a la voluntad del iniciado. Esta habilidad es el resultado del iniciado ahora visto como aquel que posee poderes mágicos. En Witchcraft el iniciado es aquel que puede discernir el mecanismo intrínseco de la naturaleza. Es decir, los principios metafísicos detrás de todo lo que existe. Y está manifestado en el mundo material.

6.8. La religión de la naturaleza

Si la consideramos como una religión apegándonos a sus orígenes, Witchcraft es la religión de la naturaleza, la veneramos, ya que en ella reside la esencia de lo divino, que es la Fuente de Todo lo que existe, la cual creó la Tierra y todo lo que hay en ella. Debido a que la naturaleza es el reflejo de lo divino, nuestra religión está modelada en los temas que encontramos en la naturaleza. A través de esto estamos más cerca y nos conectamos con la divinidad. Esta es una de las razones por las cuales celebramos las estaciones del año. Vemos que en la naturaleza todo se presenta en dualidad: Femenino, masculino. Es gracias a la unión de estas energías que todo en la vida es generado. La fuerza creadora está en su creación: la Naturaleza, el Universo. El Dios y la Diosa son estas energías masculinas y femeninas de la divinidad. Entendemos la importancia de la comunidad, comprometida con mantener y permitir la generación y que la especie sobreviva. Somos seres espirituales en una experiencia material. Pertenecemos a una comunidad de almas en el reino espiritual. Y así como aquí hay tres planos, en el otro mundo también existen los 3 planos.

Independientemente de la rama Wicca, lo que es básico en todas es la **estrecha conexión con las fuerzas de la naturaleza**, porque estas son las que se utilizan para hacer magia. Se trabaja con las cualidades sutiles de las plantas, los árboles, las piedras, las estaciones, las horas, etc.

Creemos en el Gran Poder, la Gran Fuente, la Gran Fuerza, el Gran Espíritu, son el mismo. Es una fuerza inconmensurable, infinita, abismal y poderosa que está en todo lo que existe.

El Gran Poder respira en ti y en mí y en Todo.

Está aquí, y allá, adentro y afuera y todo lo mira. De todo es testigo, donde quiera se encuentra y te encuentra. Respira.

Enseñar los misterios nos lleva a reunirnos con la naturaleza y todo lo que implica. Buscar al espíritu de la tierra, de los lugares y las cosas. Esto requiere una interpretación mística de los secretos que residen en la naturaleza.

6.9. Principios éticos

Autorresponsabilidad: Aceptar las consecuencias y responsabilidad de los propios actos. No somos víctimas de la vida, somos plenos participantes de lo que es o no la vida.

Poder personal: Somos responsables del uso de nuestro poder personal. Somos responsables del daño que causemos con nuestro poder.

Autoaceptación: Nuestros principios no están basados en la culpa, miedo o castigo. En lugar de esto, promueven la autoaceptación, fuerza interior, libertad de voluntad interna en nuestro corazón, cuerpo, mente y espíritu.

La Divinidad en la Naturaleza: En wicca no hay algo así como alma caída. Condenada hasta la eternidad porque nuestros errores son hechos en periodos relativamente cortos, la duración incluso de una vida. Vemos a la naturaleza como la gran maestra Divina. Vemos la renovación de la vida en ciclos. Vemos el patrón divino que provee infinitas oportunidades de crecimiento, logro, y alcances. Este es uno de los fundamentos de la reencarnación.

Guardianes: Como la naturaleza es la huella de la divinidad, somos sus representantes o administradores, sabemos que debemos protegerla y mantenerla. No estamos separados de la tierra, sino que formamos parte de todo lo que está a nuestro alrededor.

6.10. Reglas de ética. Leyes

Cumplimos 3 reglas de ética.

1ª El principio Wicca. HAZ LO QUE DESEES SIN DAÑAR A NADA NI A NADIE

Nota: esto incluye no matar raíces, no matar animales (ya cuando estás muy involucrado con tu vida espiritual, dejas de comer carne) y no hacerse daño a sí mismo.

2ª Ley de 3. TODO LO BUENO O MALO QUE HAGAS SE TE REGRESARÁ 3 VECES 3. Pero no de la forma y la persona que tú esperas.

3ª La regla de oro. HAZ A OTROS SOLAMENTE AQUELLO QUE QUIERAS PARA TI MISMO.

6.11. Paganismo

El paganismo es un concepto religioso genérico empleado por los cristianos desde el siglo VI, en el Imperio Romano, para designar al conjunto de creencias que no pertenecían ni al cristianismo, ni al judaísmo.

El término pagano (en latín: *paganus*, significa "habitante del campo", "rústico", de aldea o *pagus*) se utiliza por primera vez a principios del siglo V como un apelativo vulgar para indicar a los adoradores de los dioses griegos, romanos o de otros pueblos del Imperio y que, por ello, no admitían la creencia en el Dios que cristianos y judíos consideraban el único y revelado a través de la Biblia.

Cuando el cristianismo se convirtió en la religión oficial con apoyo del emperador Constantino I, a comienzos del siglo IV, y más tarde los edictos de Teodosio I, el cristianismo se convirtió en la religión oficial del Imperio. Los cambios religiosos se produjeron de manera inmediata en las grandes poblaciones de Roma, pero tardaron en llegar a los lugares más alejados y menos poblados.

Las zonas rurales eran llamadas *pagus* y sus habitantes *paganus*.

El término pagano se utilizaba despectivamente, connotaba ampliamente la "religión del campesinado". Durante y después de la Edad Media, el término paganismo se aplicó a cualquier religión no abrahámica o desconocida, y el término aludía una creencia en un dios falso.

Regresando a la dialéctica y la forma de mirar a la divinidad. Las religiones del bloque matriarcal son por ejemplo las politeístas, y fueron nombradas paganas.

La mayoría de las religiones paganas que existen hoy en día, es decir, el paganismo moderno o neopaganismo, expresan una visión del mundo panteísta, politeísta o animista; pero algunas son monoteístas.

Entonces, de acuerdo con lo anterior, las religiones o tradiciones femeninas son aquellas que se dejan llevar por la parte más mística, donde hay multiplicidad de dioses (paganismo), donde hay amor y conexión con otros seres. En este sentido podríamos decir que muchas tradiciones paganas son más FEMENINAS.

Las religiones patriarcales son monoteístas, es decir, creen en un solo Dios de naturaleza masculina.

Una bruja no se deja dominar, sigue su verdad, no se deja someter por un hombre. Incluso la imagen de Lilith es muy reconocida entre las brujas como la primera fémina que se emancipó del yugo masculino.

6.12. ¿Wicca es una religión de mujeres?

Estamos en la llamada "Era patriarcal autoritaria", una etapa en la que predominan las religiones monoteístas masculinas, donde la divinidad es un ser inalcanzable que nada tiene que ver con la materia y por supuesto es masculino: Dios.

Desde el punto de vista de las cosmovisiones y si pudiéramos clasificarlas en dos grandes bloques, encontraríamos el bloque oriental (femenino) y el occidental (masculino).

No es una religión para mujeres, aunque trabajamos con la energía femenina, hay hombres en nuestra tradición, que intervienen en las ceremonias como sacerdotes.

Desde los mitos observamos una gran escisión, la materia y lo inmanente, el hombre y dios o los dioses, el arriba y el abajo, el hombre y la mujer. En la cosmología Taoísta China tenemos al Yin/Yang y en Jung *animus/anima*.

Remontándonos a los mitos encontramos que el hombre o algún dios son separados del mundo de lo divino y este parece ser el peor castigo. Es arrojado al mundo de la muerte, a la Tierra. Observamos aquí una primera gran escisión, como resultado de una transgresión para dar origen al hombre entre lo divino y lo terrenal, lo divino y lo humano. La segunda gran escisión es un ser humano masculino y femenino. Primero hay un gran uno que se divide en opuestos que a su vez se dividen en opuestos. Del uno surgen dos, que generan a un nuevo otro, que se une a otro y genera a otro. De la unidad surge la diferencia, que empieza siendo la dicotomía básica, El cielo/la Tierra, El hombre/la mujer, Dios(es) inmortal(es)/el hombre mortal, cálido/húmedo, Dioses de luz/Dioses de obscuridad, Dios/Diosa. Trasladando en extremo a temas filosóficos encontramos: el positivismo/especulación, única verdad/múltiples interpretaciones, mirada fija/mirada amplia, monoteísmo/politeísmo.

En los nahuas hay una división holística del cosmos, con innumerables pares en oposición que obedecen a una división primigenia oculta, algunos de esos pares son muerte/vida, frío/calor, hembra/macho, agua/fuego y lluvias/secas.

La separación, la expulsión y los opuestos, reflejan un sentido similar primigenio.

En la cosmología Taoísta China tenemos al Yin/Yang y en Jung *animus/anima*, como he señalado.

Desde esta concepción tenemos dos visiones, una es unitaria, patriarcal, masculina, tiene un principio y un fin, la otra es orgánica, cíclica y femenina. En la primera hay una sola ley que se impone, en la segunda hay dialéctica. Como en el clasicismo griego, que procede culturalmente de las religiones y mitologías místéricas del signo matriarcal. Los dioses son alcanzables y se convive y uno se entiende con ellos.

Lo femenino, la mujer implica arrojarse al placer y alejarse de la razón. Refiriéndose al placer, Calasso indica que para los griegos el hombre amado por otro buscaba ser la parte pasiva por «el placer mismo de la mujer, el placer de la pasividad, lo que es sospechoso en sí, y oculta tal vez una profunda maldad». El hombre, lo masculino es lo activo. La mujer, lo femenino, lo pasivo. «En las alturas, en el dormitorio del Olimpo, Atenea y Hera se reunieron. Después pensaron: donde hay un monstruo hay una mujer, donde hay una mujer está Afrodita».

Con lo anterior observamos elementos que se relacionan cada vez más complejamente y hacen una diferencia entre lo masculino y lo femenino.

Dado esto podríamos decir que la sección desconocida, amorfa, fría, lunar, afectiva, amorosa, pasiva, nocturna y obscura, entre otras, forma parte de un mismo contenido femenino o sentido, y la parte determinada, caliente, solar, intelectual, objetiva, activa, luminosa, entre otras, forma parte del contenido opuesto, el masculino.

Cabe señalar que no nos estamos refiriendo al simple reduccionismo hombre-mujer, sino a dos sentidos en oposición, pero complementarios, dos fuerzas que están siempre presentes y en pugna y tensión, y que toman ciertas definiciones en momentos específicos de la existencia.

La parte "obscura" ha sido reducida al mal, es la parte de la que nos hemos querido alejar, nos hemos querido alejar del sinsentido y sin razón, de las emociones, de los instintos, de la muerte y la destrucción y así ha sido siempre incluso en algunos mitos.

Realmente es impresionante cómo al buscar siempre la luz, «cualquier perfección exige siempre algún ocultamiento. Una peculiaridad griega era ocultar con la luz». Esta otra cara que se oculta es la perfección; incluso en la actualidad observamos el mismo sentido.

En la mitología náhuatl existen mitos que nos hablan de ambas partes (ambos dioses) trabajando en conjunto para que el mundo siga funcionando.

En la mitología náhuatl y semítica la curiosidad, el querer parecerse a Dios, aunada al engaño mentiroso, la facilidad para dejarse seducir y la concupiscencia, son afecciones preponderantemente femeninas.

Calasso afirma que la traición es el gesto heroico de la mujer en los mitos, como ejemplos tenemos a Ariadna, Antíope, Helena, Medea y Antífona.

Lo femenino, siempre se deja llevar por el amor, por lo extranjero, por su sentir y hace que el plan perfecto de la racionalidad, de lo masculino, se estropee. En este sentido Calasso se refiere al siguiente apartado de Afrodita, cuando ésta defiende a Hipermestra por haber traicionado a sus hermanas que querían cometer asesinato:

El puro cielo ama violar la tierra, / y el amor por las bodas aferra la tierra, / la lluvia cayendo del cielo / impregna la tierra y esta genera mortales, / y el amor por las bodas aferra los pastos de los rebaños y la vida de Démeter / y el fruto de los árboles. De las húmedas nupcias / sale todo lo que existe. De esto soy yo la causa.

La causa, Afrodita, es la necesidad y el amor. El amor y Démeter (Madre Tierra) van de la mano.

Y es que el amor siempre está unido a lo bello. El vínculo de la necesidad y lo bello, está expresado en el mito de Zeus al cometer estupro en forma de cisne a Némesis (mujer de la necesidad a la que después se llamó venganza). De ella surge un huevo blanquizco que es depositado por Hermes en el vientre de Leda, que al abrirse vislumbra a Helena. Así observamos que Zeus obligó a la necesidad a crear la belleza. Resultando que la belleza de Helena era insostenible para los hombres, pero al mismo tiempo peligrosa. La belleza impera sobre la fuerza. Némesis estaba acompañada de la rueda del destino, era la reina de las causas y árbitro de las cosas. Cargaba una escuadra que era la medida, la regla cósmica que ataca cualquier exageración. Como necesidad, a su vez es destino y rige también la causa-efecto. Es parte del mundo terrenal, es algo que siempre sucede. Los hombres sufren la ananque, los dioses la sufren y la utilizan. «Ananque pertenece al mundo de Crono…». Los dioses prefieren someterse a Eros, en vez de a Ananque, aunque saben que Eros es una cobertura esmaltada de Ananque. Ananque cubre al mundo terrenal, pero incluso el de los dioses.

Calasso menciona que en Grecia se considera a la mujer como perfume demasiado fuerte, provocaban atracción irresistible, pero también temor y repugnancia.

Regresando a la dialéctica y la forma de mirar a la divinidad. Las religiones el bloque matriarcal son por ejemplo las politeístas, que se nombraron paganas.

Si feminismo quiere decir: Doctrina y movimiento social que pide para la mujer el reconocimiento de unas capacidades y unos derechos que tradicionalmente han estado reservados para los hombres. ENTONCES SÍ, SÍ LO SOMOS, SOMOS FEMINISTAS además de citar todo lo anterior escrito en mi libro *Logos, lenguaje y símbolo*. Somos mujeres plenas, completas y sabias, eso es ser bruja.

6.13. Feminismo

A lo largo de la historia hemos observado una desdeñable asociación de la rebelión de las mujeres ante el sistema impuesto. La mujer por naturaleza está asociada con el engaño, la traición, el deseo. Cuando repasaba el *Malleus Maleficarum*, supuestamente yo para reírme un rato, ya no supe en realidad qué era lo que sentía, porque por momentos el arquetipo presente en la actualidad de la mujer enfurecida por tantos ultrajes, abusos y humillaciones, surgía en mí.

Algunas de las frases que en mi hojeada rescaté fueron, por ejemplo:

Todo el arte de la brujería proviene del deseo carnal, que en la mujer es insaciable".

"Es hermosa en apariencia, envenena al tacto y es mortífero vivir con ella".

"Bendito sea el Altísimo, quien hasta hoy protegió al sexo masculino de tal delito..."

"La mujer no puede ser gobernada, sino que sigue su propio instinto, incluso hasta su perdición".

"Cuando una mujer llora está tejiendo redes... se esfuerza por engañar a un hombre".

"Los diferentes apetitos conducen a los hombres a un pecado, pero el vicio de las mujeres los conduce a todos los pecados, pues la raíz de todas las pestes es la envidia femenina".

Estas son frases usadas para calificar a las mujeres de brujas en la época de la inquisición; sin embargo, seguimos viviendo las consecuencias de juicios en mentes tan viles y retorcidas hasta hoy.

Si profundizamos un poco en el arquetipo femenino, vamos a encontrar que la mujer siempre se ha asociado con la noche, la parte oscura y desconocida porque se rige por las emociones. Porque en este planeta en el que todo se divide en dos grandes bloques, el oriente (femenino) y el occidente (masculino) observamos, por ejemplo en oriente -correspondiente al hemisferio derecho del cerebro, el de la creatividad- que hay culturas más aproximadas a lo femenino, culturas que creen en el universo cíclico, el karma, el samsara que es la rueda de las retribuciones y reencarnaciones, donde la acupuntura y los sistemas energéticos prevalecieron, donde hubo un mayor apego a los ritos y paganismo. Occidente, es el mundo de lo racional, lo masculino, las definiciones, los edificios que son correspondencia arquitectónica fálica, la ciencia, el positivismo corresponde al hemisferio izquierdo del cerebro – es una energía más racional, es el pensamiento lógico-matemático, tradiciones monoteístas. Siempre nos hemos encontrado con estos opuestos complementarios, manifestado en mujer y hombre.

La mujer en los mitos también aparece como la que rompe con lo cuadrado y establecido por la razón. En el catolicismo, es Eva la que cae en el engaño e incita a Adán. Es la mujer la que hace que caigan reinos y se va con el extranjero. Además, siempre que la mujer se quiere revelar, el hecho mismo causa estragos en este mundo de lo racional y lo establecido, la mujer es más débil físicamente, se le somete. Hay una aparente evidencia que representa el dominio en la cultura y constitución física de lo masculino.

Y la mujer libre, la que dice lo que piensa, que es sabia y vive en libertad su sexualidad es considerada como "LA BRUJA". Lo afirmo y me siento orgullosa de serlo. Y aunque no estoy tan de acuerdo con la expresión con rabia, y no estoy a favor de la violencia, sí comprendo el extremo enojo que se ha ido acumulando a lo largo de los siglos. El hartazgo de regresar a los mismos abusos y omisiones de la libertad y equidad llegó a su límite, tal vez.

Observamos así que la palabra "bruja" surge como una justificación mitológica de misoginia para convertir a la mujer en la gran culpable de todos los males que le ocurren a los hombres y al mundo. Sigue siendo juzgada por la misoginia, el feminicidio, la desigualdad y la segregación.

Pero regresando un poco al *Maleus Maleficarum*, lo que puedo decir es que, como dice Jung, estos hombres proyectaban en la mujer toda su sombra, toda esa parte no aceptada de sí mismos, todas esas pasiones despertadas por las mujeres que eran impermisibles, todo su deseo ilícito, además de la falta de aceptación del derecho de poseer tierras y bienes de las mujeres; esto lo podemos observar en la actualidad, son mayoría los hombres que poseen las riquezas de este planeta. Toda esa conspiración era tan expresa en ese entonces, pero ahora está latente; no se dice abiertamente, pero se siente. **El diablo fue el chivo expiatorio en la Inquisición, era el pretexto para acusar a las mujeres, ahora sólo quedan las mujeres.**

Las mujeres siguen siendo sometidas y maltratadas incluso en el seno de su propia familia y encontramos aún religiones monoteístas que dan una justificación mitológica a su misoginia. La mujer suele ser castigada en algunas sociedades ignorantes y retrógradas con el fin de reducir sus funciones a dar placer, reproducción, cría y oficios domésticos.

Por eso cuando una mujer es infiel, surge el enojo y algunas veces el hombre se cree con derecho de arrebatarle la vida y la dignidad porque se le salió de las manos esta fémina que creía poseer.

Algo semejante sucede cuando las mujeres son violentas, generan un gran escándalo   en la sociedad. Independientemente de la manera, todo lo que genere un cambio y por lo menos un cuestionamiento para Todos estar mejor, puede tener un buen fin, aunque se deben encontrar los mejores medios.

6.14. Los gatos y las brujas

Ilustración 18.Gato por Antonino Visalli en Unsplash.

Siempre que se piensa en la imagen de una bruja, un gato la acompaña. Estos animales tan maravillosos, familiares de la gente mágica.

Su mala fama, puede adjudicarse desde los tiempos de Aristófanes en Grecia y Roma en los que asociaban a estos felinos con la diosa de la muerte, oscuridad y brujería, Hécate. Aunque más que convertirse en bruja, la creencia era que los gatos (en específico los negros) eran familiares de ellas, por ello a las mujeres que se preocupaban por ellos, las acusaban directamente de brujería.

Al parecer y después de todo, le debemos a algunas mujeres y a las "brujas" tratar como familiares a los animales de compañía.

Sin embargo, en otros lugares sí se creía que las brujas se convertían en estos animales.

Este mito tiene origen en la mitología celta, en la que se creía que un hada o bruja de nombre "*Cait Sith*" podía convertirse en un gato nueve veces, probablemente de ahí la idea que los gatos tienen nueve vidas.

Se dice que los gatos no duermen como pensamos que lo hacen. La verdad es que los gatos son **seres interdimensionales** y visitan regularmente lugares que nosotros no podemos. Sus ojos también son capaces de detectar longitudes de ondas de luz que no podemos captar los humanos, permitiéndoles ver energías, espíritus, elementales y más. De la misma manera que los perros son nuestros guardianes en el mundo físico, los gatos son nuestros protectores en el mundo de la energía. Esta es la razón por la cual los gatos eran **considerados sagrados en el antiguo Egipto.**

Los egipcios fueron los responsables de la domesticación del gato hace 3.000 años A.C, la razón primigenia fue que gracias a sus excelentes habilidades de caza, protegían las cosechas de roedores.

Ilustración 19.Diosa Bast por Samak.

Los gatos tienen un gran aire **de misterio**, son independientes, cínicos y majestuosos. Por ello siempre se les ha asociado con las brujas.

Al mirar más allá, en las casas se solían poner una estatua en la entrada como señal de **protección** y los sacerdotes solían utilizarlos para conectarse con el más allá. Según sus escrituras, era la reencarnación de dioses que querían comunicar al pueblo su voluntad. Incluso dentro de su politeísmo, dos importantes Dioses eran representados con su forma:

- **Bast:** la diosa con cabeza de gato, que protegía el hogar y contra las enfermedades y representaba el placer y la fertilidad.

- **Sekhmet:** quien simbolizaba las fuerzas destructivas, lo oscuro, la peste, la guerra y la venganza. Porta una gran fuerza.

Quien se atreviera a matar a un gato tenía como castigo **la muerte**. Cuando esto sucedía los egipcios los veneraban con máximos honores, guardaban un profundo luto y los **momificaban** para ser enterrados en lugares sagrados.

El gato es el predador y cazador número uno que existe, ya que de 10 intentos sobre su presa, 10 de 10 son logrados. Por lo mismo, en Grecia, los gatos fueron apreciados por sus habilidades de caza, ya que mantenían alejadas a las ratas y sus enfermedades.

Es durante la Edad Media, cuando se desarrolla una creencia negativa sobre los gatos. Esto se debe a las creencias y practicas paganas de la mitología nórdica, en la que se adoraba a una Diosa llamada **Freyja**, proveedora del amor y la belleza, a quien se le representa en su carro tirado por gatos. También se asocia con la diosa Liberta de Roma.

En esa época, todo lo relacionado con prácticas no católicas, eran temas oscuros, por tal motivo al gato se le consideraba un animal demoníaco, fiel compañero de brujas, quienes según las leyendas, se servían de sus poderes para hacer conjuros y maleficios.

Durante la caza de brujas, se contaban historias terroríficas sobre los gatos y se les atribuían poderes mágicos, por su facilidad para esconderse en las noches y se consideraba que sus pasos silenciosos eran propiedades que tenían las brujas y los creían poseídos. Como resultado de la persecución y ejecución de estos animales en Europa, estuvieron cerca de extinguirse. Lo que más tarde favoreció a la peste negra.

Y es que en realidad en Witchcraft son ESPÍRITUS FAMILIARES, que funcionan como **receptáculo** de espíritus de muertos y divinidades.

Muchas veces los gatos **absorben energías** negativas dirigidas a sus dueños, incluso han llegado a morir, ya que reciben energías y daños físicos de los seres a quienes protegen.

Las brujas nos lo colocamos en las piernas, cerramos los ojos y lo acariciamos sintiendo su energía. Lo encantamos para protegernos y protegerlo:

"Protegido estás y a salvo te encuentras, y así protegida me mantienes".

Sus bigotes son usados como poderoso amuleto protector en viajes, ojo, no hay que arrancárselos, se toma uno con cuidado y se le pie permiso al gato, se le pregunta si te lo quiere dar. Al día siguiente seguro lo encontrarás. El bigote se coloca en un costal rojo y se porta en la guantera del carro, en tu bolsa de mano o en la maleta si se va a viajar.

Algunas veces las personas que no soportan la independencia y peculiaridad de otros, no quieren a los gatos.

Oración y dedicación a **Bastet**:

Bastet yo bailo y canto en tu honor
Tráeme tus beneficios bendita Diosa gato
Protégeme de la enfermedad
Cuídame para alcanzar el cielo
Bendita Diosa Luna
En mi gato me acompañas
Te guardo en mi corazón
En mi vida y mi hogar

SAMAK

CAPÍTULO 7

TIPOS DE MAGIA Y CONCEPTOS

7.1. La palabra Magia

La palabra magia viene del griego ***Magh*** que es sacerdote o sabio. Del caldeo *Maghim* que es alta sabiduría.

Magh =Sacerdote o sabio

Los magos son altos sabios, sacerdotes, conocedores de la alta sabiduría. En términos contemporáneos, la magia es llevar a cabo rituales o prácticas para llevar a cabo transformaciones, como su origen etimológico lo indica, tiene que ver con un conocimiento de alta envergadura, ya que en sus orígenes una persona que sabía magia llevaba a cabo transformaciones internas y a partir de ahí transformaba su entorno, esto con ayuda de la voluntad, como lo define Dion Fortune **"magia es hacer cambios a voluntad". Magia se define entonces como "El arte o ciencia para generar cambios a voluntad".**

Los magos usan la energía de manera consciente dirigida hacia un objetivo específico. El mago con su simple presencia cambia el entorno. La magia tiene que ver con la transformación de las energías de la naturaleza. Sólo hay un tipo de magia. La magia en sí no es ni buena ni mala, todo depende del uso que se le dé. No sólo necesita creer, necesita saber.

A veces **magia se entiende** como actos de prestidigitación o ilusión de los magos del escenario; otros se refieren a ella como una curiosidad del pensamiento del hombre primitivo; algunos más piensan que tiene que ver con milagros. Sin embargo, para las tradiciones de sabiduría, la magia es una poderosa herramienta para el desarrollo espiritual de hombres y mujeres. Podríamos decir que es **"evolución condensada" en el sentido de ser la ciencia y el arte de hacer cosas que parecen extraordinarias con la ayuda de las leyes de la naturaleza para el perfeccionamiento del ser humano.**

Los **antiguos magos** eran gente sabia, sumamente respetada, con conocimiento en diferentes ámbitos. Nos encontramos aquí con un choque entre dos palabras cuyo origen es completamente distinto y la concepción que se tiene acerca de las mismas también lo es. La palabra **bruja** tiene una connotación más negativa que positiva, en cambio, la palabra **magia** se usa sin tanto temor.

Magia es una forma de pensamiento en la cual el ser humano se considera capaz de intervenir por sí mismo en el curso de las cosas, suelen ser prácticas rodeadas de cierto grado de secretismo. También se consideraba el misticismo de otras religiones que no fueran las cristianas. Deidades y adoraciones precristiana. Cualquier Dios de otra religión era considerado, demonio; así cualquier otra creencia diferente de la católica era demoniaca y considerada magia.

Un mago pertenece a algún camino espiritual o escuela de misterios, el más común en Wicca, Witchcraft o la vieja tradición y debe saber de Astrología. Además de trabajar mucho consigo mismo en un proceso alquímico e iniciático, por lo que es completamente LIBRE, de sus propias limitaciones y condicionamientos, de ideas, de energías que la aten o detengan, sólo se es fiel a sí mismo y a las causas que ayuden a la evolución y mayor bienestar de todos los involucrados, porque al conocer las leyes del Universo sabe que hacer el mal lo detiene en su proceso de evolución.

Yo diría que un mago o maga ha llevado a cabo un proceso de transformación interno muy profundo, y el brujo puede tener este proceso o no. Un brujo, lleva a cabo transformaciones externas con ayuda de las fuerzas de la naturaleza, experimenta con estas fuerzas, con estados de consciencia y dimensiones. **Una bruja de verdad es maga a su vez.**

Lamentablemente con el paso de los años y la fuerte influencia del cristianismo, se ha desvirtuado la función de la brujería o magia y las asemejamos a daño o **magia negra.**

Dentro de este contexto de la magia, también se consideran magia negra a los pensamientos de baja vibración, como el odio, el rencor, la codicia, la maldad o la intolerancia, ya que el efecto que tienen estos sobre la persona, es decir, el daño, es muy semejante al de la brujería y se dice aquí que se ha hecho **magia inconsciente.**

7.2. La palabra hechicería

Por otro lado, la palabra hechicería nos remite a algo más. Si nos remontamos a su origen etimológico, procede del sustantivo o adjetivo "hechizo" (deriva del latín *facticius*: "fingido, artificial") y del sufijo "ero" que indica, oficio, profesión, cargo, empleo, quehacer o que realiza una actividad. Se dice que es el conjunto de conocimientos, prácticas y técnicas que se emplean para dominar de forma mágica el curso de los acontecimientos o la voluntad de las personas.

Es muy conocida esta palabra en el mundo de las brujas. Popularmente encontramos en diversas fuentes que hechicera es:

1. Persona que realiza actos de magia o hechicería para dominar la voluntad de las personas o modificar los acontecimientos, especialmente si provoca una influencia dañina o maléfica sobre las personas o sobre su destino.

2. Persona que en algunas culturas hace predicciones, invoca a los espíritus y ejerce prácticas curativas utilizando poderes ocultos y productos naturales; también suele aconsejar y orientar a las personas que acuden a consultarla. La primera definición tomada de Wikipedia es muy desafortunada, ya que observamos que de inmediato se descalifica la labor de la hechicera provocando daño.

En la época de la inquisición se decía que la **hechicería** era un acto implícito con el demonio. Necesita de un medio para realizarse: pócimas, fetiches, hierbas. El hecho de saber, la información era transferida por algún demonio. Se daba más en las ciudades, tenían que ver con suerte, amor, trabajo, adivinar. Muchas mujeres vivían de la hechicería, era una forma de subsistir.

Buscaba un cambio en la realidad propia o de otra persona esta era llamada propiciatoria. Había hechicería predictiva, encontrar objetos, animales, cosas perdidas, saber quién robó algo. De estas hay muchas en el Santo oficio.

En la Nueva España, las hechiceras eran las mujeres **curanderas y sabias** de las cuales se decía que podían causar algún maleficio como trastornar o envenenar a seres humanos y animales, inducir epidemias hasta provocar conflictos matrimoniales o infertilidad. Estos poderes pertenecían a personas del pueblo.

Lo anterior nos muestra que ha sido considerada tanto para hacer el bien, cómo todo lo contrario, pero su prestigio dominante genera temor.

Independientemente de lo señalado, se considera a la **hechicera como aquella que ejerce prácticas ocultas y orienta a los consultantes.**

De la palabra hechicera procede **la hechicería** que se entiende como la práctica de la hechicera (que ya hemos definido, pero repito): *es un conjunto de conocimientos, prácticas y técnicas que se emplean para dominar de forma mágica el curso de los acontecimientos y, en ocasiones, la voluntad de las personas.* Desde el siglo XII la brujería y la hechicería se consideraban actos reprobables y sancionables porque afectaban al alma y cuerpo de las personas; además, se decía que dichas prácticas lograban cambiar la voluntad o decisiones. Asimismo, existieron casos donde la salud se deterioraba, donde el embrujado o hechizado se enfermaba e incluso moría después de exponerse ante estas habilidades.

En la actualidad se considera que una **hechicera es una persona que practica la magia natural, es decir, que realiza hechizos.**

7.3. Más conceptos mágicos

Un **sortilegio** se considera como un ritual adivinatorio que se lleva a cabo a través de un acto de características mágicas. El origen etimológico del concepto, que procede del latín, refiere a la capacidad de leer la suerte. La palabra "sortilegio" proviene de dos voces latinas: *sors, sortis* (suerte), y *légere,* [*léyere*] (leer), es decir "lectura de la suerte". ... Pero *vaticinium* es en latín otra cosa, ya que es lo que señalaba un *vates*.

Podemos encontrar tres formas de comprender la palabra sortilegio:

1. Acción de someter la voluntad de alguien o de modificar el destino mediante el uso de brebajes, remedios mágicos, fórmulas y acciones de hechicería, etc.

2. Atracción misteriosa e irresistible que producen sobre alguien los encantos de una persona o de una cosa.

3. Adivinación que no se basa en la razón ni en los conocimientos científicos, sino en la magia o en la interpretación de signos de la naturaleza.

Para nosotras las brujas es, mediante palabras, modificar los acontecimientos,

Encantar es darle una intención a un objeto mediante tocarlo. La palabra encantamiento está compuesta del sufijo -*miento* (instrumento, medio o resultado) sobre el verbo "encantar". Encantar viene del latín: *incantare*, que significa "lograr un hechizo por medio del canto". *Incantare* está compuesto del verbo *cantare*, frecuentativo de *canere* (cantar). Es ejercer sobre alguien una acción para dominar su voluntad o modificar los acontecimientos, comúnmente se dice especialmente si resulta dañina o maléfica sobre esa persona o sobre su destino. Aunque en realidad el encantamiento en sí no es ni malo ni bueno, todo depende de la intención del autor.

Imágenes y pensamientos pueden ser transmitidos mediante encantamientos.

Conjurar viene del latín *conjurare* "jurar en común", derivado de *jurare* "jurar", de la familia etimológica de jurar. El significado bíblico de conjuro se refiere a ruegos y súplicas, pero este término también es usado cuando en una mujer se tenía sospecha de adulterio, se la conjuraba bajo maldición.

En magia se dice que es **llamar a la energía**, es hacer una petición verbal, diciendo ¿qué quiero obtener? A veces se llama a la energía de un Dios o algo exterior. Se suele utilizar una salmodia.

En la Nueva España los conjuros eran palabras dirigidas a una entidad sobrenatural para lograr un cambio en la realidad. A dioses, demonios, santos, la Virgen, demonios, espíritus de la naturaleza.

Conjuros de amor eran breves, dirigidos a diferentes entidades o seres que podrían tener un poder para influir en el libre albedrío de otro.

Se le rezaba a la Luna y a las estrellas para atormentar al ser amado y hacerlo retornar con el amado.

Algunos sólo enfatizan con la fuerza alguna palabra, la simple pronunciación era equivalente a que se hiciera realidad.

Había conjuros dirigidos a los santos, que se consideraban alcahuetes de las hechiceras. A los que más se llamaba eran a San Antonio, Santa Elena, Santa Martha y San Erasmo para cosas amorosas.

Algunos dirigidos al altar de la iglesia, a los ángeles, a las ánimas a quienes se les pedía que ayudaran a la persona.

Conjuros a demonios para amor también se llevaban a cabo.

En muchos conjuros se pide que no descanse, que tenga malestar o desazón hasta que regrese a los brazos de la persona amada.

La **salmodia** se caracteriza por su estructura literaria paralela, el mensaje que se quiere transmitir se repite con diferentes palabras o se alterna con la idea yuxtapuesta. Se dice en versos. La salmodia tiene una estructuración silábica. Se rima.

Vamos a encontrar en los diccionarios que salmodia es una técnica de canto específica para los salmos que desde la antigüedad se ha practicado en la tradición judía de la sinagoga y posteriormente los primeros cristianos empezaron a incluirla en la liturgia cristiana. Posteriormente se aplicó esta fórmula a otros textos bíblicos. Se aplicó esta palabra para entonar encantos en hechizos y conjuros mágicos.

Los conceptos que se usaron en el **cristianismo en la Nueva España eran los siguientes:**

Superstición: falsa adoración o adoración al dios falso. Conjunto de creencias equívocas, donde se mezcla lo sagrado con lo profano.

Palabras mágicas en la Nueva España

Oraciones: palabras dirigidas a una entidad celestial para obtener algún beneficio. Para evitar enfermarte, para cuidar casa, protección en general.

Ensalmos: palabras dirigidas a una entidad celestial con el propósito de curar alguna enfermedad. Había un oficio de ensalmador, personas que rezaban y ponían plastas para ayudar en la enfermedad. Las oraciones eran a Jesús.

Bendiciones: palabras dirigidas a otra persona para propiciarle un bien.

Maldiciones: palabras dirigidas a otra persona para propiciarle un mal.

7.4. Tipos de Magia

En cuanto a los tipos de magia no existe en realidad una clasificación oficial; aquí utilizaremos una diferenciación de acuerdo con los colores y corrientes.

- **Magia buena/benéfica:** Popularmente conocida como aquella ejercida para generar un bien a la persona, un mejoramiento en la vida o circunstancias de alguien o para beneficiar en general el logro de algún objetivo. Aunque de manera estricta no existe la magia buena, porque a la magia, como hemos señalado, no se le puede calificar con juicio de valor; sin embargo, para fines prácticos, designarla como magia buena, es un término muy popular.

- **Magia mala/ maléfica:** Es la magia considerada como la perjudicial, ejercida con el objetivo de causar daño a alguna persona. Sus efectos van desde el cambio de suerte, pasando por el trastorno de la mente, perturbación de emociones, hasta la muerte. Puede constar desde un simple conjuro hasta un ritual completamente elaborado usando fuerzas sobrenaturales poderosas.

- **Magia Blanca:** Popularmente es la considerada como la "magia buena", porque el blanco representa la pureza, pero en realidad es aquella que tiene que ver con la construcción, es la constructiva. Normalmente se lleva a cabo en luna creciente o llena.

- **Magia Negra:** Popularmente considerada como la "magia mala", pero en realidad es la magia destructiva, cuyo objetivo no necesariamente se puede calificar como malo. Se puede hacer magia negra, por ejemplo, para terminar con un vicio, un mal hábito o un patrón de conducta perjudicial. Normalmente se lleva a cabo en las lunas negras, que es antes de la Luna nueva, o también se realiza en la Luna menguante.

- **Alta Magia:** Es la Magia ceremonial que consta de pasos rituales específicos a seguir para alcanzar un objetivo mágico. En el contexto del hermetismo occidental se utiliza este término para abarcar una amplia variedad de rituales largos y complejos de magia. Es magia ceremonial con rituales previamente elaborados para contactar con fuerzas superiores, de ahí que se le llame "alta".

- **Baja magia:** En la cosmología medieval se utilizaba este concepto para definir a la magia de la naturaleza o de la Tierra. Suele llamarse "Magia de Gaia", "Magia de la Tierra", "Magia Natural". La energía que se utiliza es la que habita en la Tierra y sus fuerzas; tales son las fuerzas de los elementos, de las piedras, árboles, plantas, flores y animales. En alguna época se decía que los instruidos y gente elite practicaba la "alta magia" y la gente del pueblo sin mucho conocimiento practicaba la baja magia. Yo no estoy de acuerdo con este tipo de clasificación, a la magia natural hay que llamarle "Magia natural" y no baja magia.

- **Magia natural:** Es la magia que utiliza la energía de la Tierra, sus elementos y energías. Como las de las plantas, los árboles, especias, semillas, los aceites esenciales, las piedras, incluso se usan velas añadiéndoseles plantas, aceites o piedras.

- **Magia verde o elemental:** Es la magia que toma las energías del Reino vegetal, se le consideraba antes un tipo de baja magia. Utiliza las fuerzas de los cuatro elementos y de la 2ª dimensión como las plantas.

- **Magia popular:** Cabe dentro de la baja magia. Este tipo de magia es la practicada por cualquier persona, la gente del pueblo, sin necesidad de ser practicantes doctos de magia. En México este tipo de magia folclórica es muy usada por la gente, es común encontrar en cada mercado de la comunidad un puesto donde se vendan todo tipo de herramientas y plantas para hacer este tipo de magia, que ha sido utilizada por tanto tiempo que tiene ya su propia fuerza y puede ser incluso poderosa. Se utiliza mucho la magia de los santos católicos.

- **Magia Alquímica:** Es la transformación de los elementos donde se lleva a cabo un proceso de transformación de lo más burdo como el plomo a oro, que es el perfeccionamiento de la personalidad para lograr la divinización.

- **Brujería:** En cuanto a su connotación popular, es considerada como baja magia y va desde encender una vela o decir algo hasta rituales mucho más elaborados. En el contexto de wicca, se trabaja con las cualidades sutiles de la naturaleza para lograr efectos externos.

- **Magia Roja:** Es la magia que utiliza sangre. En algunas tradiciones se emplea la sangre de animales que son sacrificados. En otras se utiliza la sangre extraída del cuerpo del practicante, esta puede ser también la sangre menstrual. En algunos contextos se considera que es la magia sexual.

- **Magia azul**: Se practica con el elemento agua.

- **Teúrgia:** Busca la comunicación y unión con la divinidad. Los dioses bajan a participar en los rituales y se llevan a cabo transformaciones internas profundas.

- **Magia por tradiciones:** Es la magia practicada de acuerdo con tradiciones y religiones en particular, a continuación, señalaremos algunas.

7.5. Magia por tradiciones

La siguiente clasificación ha sido realizada de acuerdo con las tradiciones de diferentes culturas o religiones dentro de las que es más usual hacer magia.

- **Santería:** Utiliza la sangre para trabajar con magia. El animal muere de forma ceremonial y se usa su energía para pagar tu karma. Se trabaja con santos, Orishas africanos. Existe sincretismo con los cristianos.

Ilustración 20.Estrella de cinco puntas.

- **Protermia:** Magia verde. Se usan las plantas de forma energética y física. Hay 365 plantas relacionadas con las energías y los dioses.

-**Wicca:** Magia ceremonial, neopagana, proveniente de los Celtas/Druidas. Involucra magia natural, celebración de rituales del año y consta de un sistema de creencias. Se llevan a cabo hechizos, y en muchos de ellos se invocan a divinidades de diferentes panteones. Las Diosas Hécate, Morrigan o Bridgit, son algunas de las Diosas principales de tal culto.

Ilustración 21.Muñeco vudú.

- **Magia de oración/conjurar:** Se utilizan oraciones, decretos o sortilegios para lograr ciertos objetivos.

- **Vudú:** Deidades africanas, hay un sincretismo con el catolicismo, se utilizan mucho las muñecas vudú (magia empática) con diferentes objetivos. Utilizan dioses africanos.

- **Hoodoo**: El Hoodoo es una práctica de magia popular y espiritual que proviene de la cultura afroamericana. En ella se mezclan creencias y prácticas de diversas culturas como las creencias llevadas a América por los esclavos de África Occidental, la espiritualidad nativa americana y la magia ceremonial europea. Todo ello influenciado por el cristianismo y el judaísmo. El lugar principal de su práctica es en Nueva Orleans.

- **Magia empática:** Se representa a través de un muñequito o de imágenes, objetos o figuras semejantes a la realidad y ahí se lleva a cabo el hechizo.

NOTA: Los osos de peluche se llenan de plantas para dormir, por ejemplo.

- **Glamoury:** Magia de la ilusión, su función es crear una alteración en la percepción física de un individuo. La persona puede verse más atractiva o todo lo contrario. Es lograr que el otro haga o vea lo que se desea.

- **Chamanismo:** Es un conjunto de credos y costumbres con el fin de diagnosticar y curar los padecimientos de los seres humanos y en algunas regiones también tiene la disposición de provocarlo. Los chamanes, practicantes, aseguran poseer contacto con el mundo de los espíritus y tener una conexión especial con los mismos, lo que les permite gozar de diferentes capacidades como tener el control del tiempo, poder descifrar el significado de los sueños, gozar de acceso a los mundos superior e inferior, entre otras facultades.

Ilustración 22.El nahual.

- **Nahualismo:** Es la creencia de que determinados individuos (los cuales a menudo ocupaban puestos sociales importantes) están investidos de poderes espirituales particulares, que les permitían transformarse asumiendo a su gusto semblanzas de animales (o también, en raras ocasiones, de fenómenos naturales como rayos, viento, nubes, bolas de fuego, etc.) es decir, se transforman físicamente en otros seres o fenómenos, y transformados pueden realizar acciones prodigiosas, regresando luego a su forma original.

En sureste de México, principalmente en la península de Yucatán, son conocidos como los *Uay* (que se traduce literalmente como 'brujo'). Son, de acuerdo con las creencias mayas, brujos que pueden transformarse en animales. Uno de los más conocidos son el *Huay* chivo y el *Uay Peek.*

En algunas localidades del centro de México, se cree que los guajolotes son brujas disfrazadas. Las historias sobre estas conversiones a animales abundan en el país desde tiempos prehispánicos, pero algunas versiones coinciden en detalles. Como el mito de que las mujeres podían cortarse la(s) pierna(s) con un cabello y escapaban por la noche con la forma de esa ave. Pero esta creencia de mujeres hechiceras convertidas a animales no es única de México, donde también se consideran los tecolotes y búhos como brujas. En Rusia se piensa esto de las mariposas, en Irlanda de las liebres, incluso el término para esta especie era cailleach, que significa lo mismo que "babochka" en Rusia, Cailleach también es una diosa muy apreciada por las brujas. En algunas regiones se cree que los gatos pueden ser brujas.

- Tonalismo: Consiste en la creencia de que cada individuo, desde su nacimiento, (pero también, en algunos casos, con plantas o elementos y fenómenos de la naturaleza como volcanes, piedras, rayos, etc.) que, con base en sus características específicas, mantiene una relación de coesencia espiritual con un *alter ego* o "doble" animal, determina el carácter, la resistencia física y espiritual, y, en última instancia, el destino de la persona. La existencia de los dos está ligada a tal punto que cualquier accidente que le sucede al animal o al doble, incluyendo la muerte, repercute de manera simétrica en la contraparte humana.

- Espiritismo: Surgió en 1948 y es la facultad de hablar con los espíritus del más allá. Se utilizan diferentes técnicas de clarividencia y mediumnidad para comunicarse con ellos.

- Espiritualismo: Es una doctrina cristiana consistente en comunicarse con Dios. Curan a distancia. Es una derivación del espiritismo. Consiste en consultar a los espíritus de eminentes doctores muertos, de sanadores de tradiciones ancestrales para curar las enfermedades. Fue fundado por Roque Rojas en el Ajusco, D.F. hace unos cien años. Hace abundante uso del agua bendita (el bálsamo de la salud). Mediante los médiums, que llaman guías, pedestales, ruiseñores, etc. habla el Espíritu Santo, supuestamente.

- Santa Muerte: Según diversos investigadores, se remonta a 1795, cuando los indígenas adoraban un esqueleto en un poblado del centro de México. Se mantuvo en secreto durante casi dos siglos, y en la Ciudad de México, el culto empezó a proliferar en la década de los cuarenta del siglo XX, especialmente en barrios desfavorecidos. Los devotos arriban al altar con ofrendas de todo tipo, desde flores, dulces y veladoras a cigarros y botellas de tequila para pedir cualquier tipo de favor. En silencio, le rezan padrenuestros, le agradecen los favores y le prometen amor y entrega. Se dice que hay que tener cuidado con ella, ya que cobra siempre los favores y no permite deslealtad.

- **Goethia (magia maléfica):** Desde la Edad Media hasta el presente, Goetia es el término para una rama de la magia que evoca o convoca a los espíritus demoníacos, especialmente, los demonios.

El término proviene del griego clásico, goeteia, que era un ritual de duelo en los funerales es una palabra arcaica griega para un lamento por los muertos y

Ilustración 23. Goethia.

más tarde, de acuerdo con las fuentes literarias, se convirtió en un nigromante que tenía la capacidad de invocar a los espíritus del Hades.

- **Palo:** El palero es aquel que se ha rayado en un fundamento o nganga. El rayamiento es la ceremonia en esta religión de culto, a los Nkisis o ngangas. Hay diferentes clases de rayamientos, como Bakofula, tata Guancho, Lindero, Mutambre, Marikilla, Guardiero Nganga, Padre Facultativo, Tata Nkiza, Madre, Padre, Madrina Nganga, y Nyayi Giabola. El primer paso a dar es de ngello(a). Este es el comienzo del palero, el cual está considerado como hijo(a) menor de la nganga. El ngello(a) es aprendiz y discípulo de su padrino. Se trabaja mucho con espíritus de muertos y con un palo se les llama al golpear el suelo y darles ciertos ofrecimientos. Se les designan tareas a los muertos.

- **Cristianismo:** se refiere al tipo de magia en donde utilizan a santos de la iglesia para invocarlos y pedir favores.

- **Satanismo:** El satanismo consta de un número de creencias relacionadas y fenómenos sociales. Comparten las características de simbolismo, que incluye la veneración y admiración por Satán (o figuras similares).

- **Magia gitana:** El pueblo romaní, conocido popularmente como pueblo gitano, es reconocido en todo el mundo por sus dotes adivinatorias y por su pericia a la hora de revelar la fortuna. Tienen sus dioses específicos y sistema mágico propio.

- **Macumba:** Con este término se designa las formas brasileñas de vudú y santería, o el culto a deidades africanas a través de la magia y la posesión del espíritu. Estrictamente hablando no hay una religión "macumba". La palabra se refiere a las dos principales formas de culto en Brasil: candomblé y umbanda. El macumba refiere algunas veces a la magia negra, pero este culto es denominado actualmente quimbanda.

- **Kabalá:** Se puede decir que la Cábala es el pilar de la filosofía esotérica occidental, esto es debido a que al formar parte del cuerpo la mística hebrea, está ligada al cristianismo a través del antiguo testamento y por lo tanto, está presente profundamente en la cultura occidental.

Hay tres tipos de Kabalá, la primera es la ortodoxa religiosa que sólo pueden practicar los sacerdotes judíos, la segunda es la Qabalah mística en la que se incorpora a Jesucristo, pero se usa la parte ritualística de las escuelas de misterios, la tercera es la Cabalá más popular donde se incorporan elementos espirituales abiertos a todo público.

- **Nórdica:** Es la palabra en *Norrønt mál*, el hablar de los antiguos nórdicos, para la magia nórdica practicada por los *Vitkar* que incluye el saber de las runas mediante encantamientos *Galðar*, posturas *Stoður*, grabados *Staffur* y *Hjálmur,* además del saber de las almas mediante curaciones *Læknr* y ocasionalmente también hechizos *Seiðr* y visiones *Spáe*.

- **Plantas de poder.** Las plantas han sido utilizadas en todo el planeta desde tiempos remotos. Existen plantas que se consideran tienen un poder especial de conexión con la divinidad, permiten el viaje místico, mueven el punto de encaje para viajar a otras dimensiones y tener perspectivas diferentes del mundo. Muy conocido es el mundo de Carlos Castañeda y Don Juan, quienes experimentaban con ciertas plantas alucinógenas para acceder a otros planos. Estas plantas son parte de ciertas disciplinas espirituales.

Todavía en la actualidad se utilizan algunas como el peyote y la ayahuasca, entre muchas otras, también se utiliza los hongos como la *amarita muscaria*, que se dice era la ambrosía que permitía la inmortalidad y el contacto con los dioses. En algunas regiones se consideran como plantas de poder a cualquier planta con usos mágicos y que alteren el estado de conciencia. Incluso, muchas brujas utilizaban cierto tipo de plantas en ungüentos para realizar el viaje, que en realidad era un viaje alucinógeno donde se accedía a otros mundos.

Son plantas psicoactivas con la sacralidad, habría que recordarnos que no todos los brujos curanderos utilizan este medio para sanar. De hecho, es menos común que encontrarse con quienes lo hacen a través de cantos, oraciones y un puñado más de hierbas e instrumentos considerados de ayuda para su metodología. Señala Zylberbaum que "los chamanes parecen poseer una gran maestría en el enfoque de su factor de direccionalidad, siendo capaces de activar diferentes experiencias en distintas localizaciones del espacio y niveles de la realidad". Asegura de igual forma que pueden catalogarse según la concepción que tienen de la realidad, lo que nos lleva de nuevo a su teoría sintérgica y los niveles de conciencia que puede alcanzar el ser humano dependiendo la técnica utilizada.

Y no olvidemos, por ejemplo, el oráculo de Delfos, donde la pitonisa entraba en estado alterado de conciencia para profetizar.

Cualquier tipo de magia si se hace bien funciona, a veces no en el tiempo correspondiente ni con las consecuencias deseadas, pero siempre hay una consecuencia.

Y reitero, que nosotros no creamos en la magia, no significa que no exista, a veces no estar tan abierto a este tipo de cosas nos hace menos sensibles, pero no nos hace inmunes.

SAMAK

CAPÍTULO 8

FACULTADES y TIPOS DE BRUJAS

Mira la belleza y energía que emana esa enigmática mujer, se
vibra su fuerza, se siente su poder, es entre miedo y fascinación,
no puedo estar en calma, debe ser una bruja.
El Diario de una Bruja por Samak.

8.1. El origen estelar de las brujas

Muchas son sus facultades y los nombres bajo los que se ha
conocido; sin embargo, cualquiera que sea la manera en la que los
llamemos, sabemos siempre que es un ser mágico, místico y al que
podemos acudir cuando no encontramos más soluciones en el
mundo establecido.

En el libro de *El regreso de Inana*, de V.S. Ferguson, nos habla
de que el culto originario era a la Diosa, y cómo fue destronada y
engañada por el tirano Marduk quien se apoderó de Todo, tomó
posesión junto con sus secuaces, asesinaron y violaron a las
sacerdotisas, destruyeron los templos de la Diosa ¿les suena
familiar? La historia se repite una y otra vez, como una espiral con
nuevos matices regresamos al origen, la ignorancia es la que impide

mirar esta realidad y en nuestro conjunto cometemos los mismos errores.

Pasaje de este texto:

Yo, Inanna, regreso para contar cómo hace 500,000 años, mi familia de las Pléyades tomó posesión de la tierra y alteró el genoma humano con el fin de producir una raza de trabajadores creada para extraer oro destinado a la agotada atmósfera de Nibiru, nuestro planeta y hogar. Como éramos técnicamente muy superiores, esta raza de trabajadores -la especie humana-, nos adoraba como a dioses. Nos aprovechamos de ellos para librar guerras en medio de nuestras disputas familiares interminables, hasta que de un modo estúpido, desatamos sobre la tierra la terrible arma gandiva, que envió una onda de radiación destructiva por toda la galaxia. Esto enfureció a la Federación Intergaláctica. A causa de nuestras propias acciones, nos vimos restringidos por La Pared, una prisión de frecuencia que congeló nuestra evolución. Regresen conmigo a la antigua Sumeria, Babilonia y Egipto. Dentro de mis Templos del Amor, doy a conocer secretos antiguos de la unión sexual cósmica pleyadense y de mis matrimonios sagrados. A través de mis ojos, contemplen la Torre de Babel, el Gran Diluvio, los Túneles de las Serpientes y los cristales en espiral en la pirámide de Giza. Viajen conmigo por el tiempo hasta la Atlántida, Cachemira y el Pacífico Nororeste de los EE.UU. a medida que encarno en mis Yo multidimensionales para poner a funcionar los códigos genéticos que están latentes dentro de su especie y para liberar a la tierra del control por frecuencias que ejerce mi primo, el tirano Marduk.

Parece una historia fantástica, pero creo que algo hay de verdad, en el fondo de mi alma algo resuena y algo recuerdo.

La humanidad cayó en la oscuridad. Estos dioses nos ayudan, porque al evolucionar nosotros, evolucionan ellos.

Se dice que antes de que sucediera lo anterior, la Tierra era un lugar muy verde, resplandeciente de jardines, todo era enorme, árboles gigantescos ocupaban nuestros lares. Había convivencia con la naturaleza. Antes de que intervinieran estos seres con su genética (aunque ya habíamos sido conquistados), de tantas invasiones extraterrestres que hubo, estos seres fueron acabando con toda esta vegetación y con todo, desconectándonos y sumergiéndonos en la oscuridad.

Vamos a encontrar en *El libro más pequeño de mundo* con las verdades más grandes del mundo canalizado por Gerardo Amaro, verdades que han sido suprimidas por muchos años. Habla de la Clásica "conspiración" de seres que no quieren que saquemos nuestra verdadera magia y poder y se han encargado de generar enredos. No te pido que todo lo creas, siempre cuestiónate todo, sin embargo, hay en este libro puntos muy interesantes que a mí me hacen mucho sentido. Si no crees en todas las historias que te estoy contando, por lo menos escucha, tal vez lago te haga sentido y RECUERDES.

La situación ya era tan desagradable, con la intervención de los dioses y el sumergimiento en la oscuridad, la confederación se vio en la necesidad de enviar a **seres mágicos de altísima talla espiritual**, Los seres arcoíris, semillas estelares o guerreros de la luz, vinieron a hacernos recordar y a ayudarnos a reconectar: Gaia-madre-naturaleza.

Ellas llegaron a recordar sobre este culto entre el año 300 y 400 de nuestra era. Eran guerras de la luz que vinieron a Europa a iluminar el planeta con energías femeninas.

Justo en la época del inicio del oscurantismo (el concepto de oscurantismo, que proviene del vocablo francés *obscurantisme*, se emplea con referencia al rechazo sistemático, a la transmisión y la propagación de la cultura), también mencionado como obscurantismo, su pilar era la defensa de pensamientos y posturas que resultan reaccionarios e incluso contrarios a la razón. Consistía en al absolutismo católico, para la supresión de las masas, incluso se conjugaron una serie de ideas paganas. Ocupa del siglo V hasta el Renacimiento en el siglo XIV.

Con la caída del Imperio Romano en el siglo V marcado por saqueo de Roma por los visigodos y deposición 66 años más tarde del último emperador romano, se desarrollan tres grandes iglesias en oriente:

Grecia y Asia Menor (Obispado de Constantinopla), Siria (Escuela de Antioquia), y Alejandría en Egipto (copta). Las discusiones teológicas que sobre la naturaleza de Cristo se generan al interior de estas iglesias, ponían a la iglesia en una posición de debilidad frente a sus fieles, eran demasiado abstractas y de poca práctica para una población abrumada por la miseria de esa época. Alrededor de estas discusiones es que en este período se originan el arrianismo, nestorianismo, monofisismo y monotelismo. (Las dos primeras son declaradas herejías).

El absolutismo del dogma de fe recae también sobre la ciencia, la cual era toda una potencial amenaza para las verdades constituidas.

Las personas que practicaban la ciencia, eran considerados herejes, paganos y más aún brujos, cabe citar a la prestigiosa astrónoma, filósofa y matemática **Hipatia** que vivió en Alejandría en el siglo V de., quien fue desollada viva por fanáticos católicos. Te recomiendo mucho la película de *Ágora* donde podemos ver con imágenes esta desgracia. El desarrollo científico es acallado por la iglesia católica en el empeño de asegurar un poder absoluto trastocando el cristianismo como comunidad de devotos por una verdad religiosa absoluta. Católico significa «universal» y no por pura casualidad.

Es el imperio sasánida (persa), donde se retoma el interés por la cultura 'occidental', que Occidente había dejado de lado, traducen a los clásicos griegos y toman muchos de los avances de la cultura

India, desarrollando ciencias que inclusive hoy viven en occidente a partir de sus aportes: matemáticas, astronomía, medicina y botánica.

Ya se veía venir esta época tan oscura para la humanidad y tan lamentable para el desarrollo mágico y científico, por ello enviaron a estos **seres mágicos a hacernos RECORDAR**, comenzaron aquí y allá a tomar los cuerpos de humanos, como una especie de *Walking-in*. Aunque desde antes llegaban estos seres mágicos en diferentes partes del mundo, seres marcados por el Espíritus y tocados por los dioses; en esa época llegaron en masa estos seres son los que ahora llamamos **WICCANOS.**

Pero la oscuridad que reinaba en nuestro Mundo comenzó a maquinar una campaña de desprestigio y caza. Poco a poco fue creciendo esta ceguera y aberración y lo pero vino también después, cuando entre las mismas brujas se desacreditaban y atacaban; aquí, lamentablemente, nos encontramos ahora.

Nadie quiere creer y la palabra Bruja se relaciona con maldad, miedo, feo, dañino, ignorante.

8.2. Cualidades por las que eran conocidas las brujas

Ilustración 24.Bruja por Unspash.

Algunas de las cualidades que se le han atribuido a lo largo de la historia son:

Posee dones: Se les reconoce por diferentes dones como adivinar, ver el futuro, cualidades sanadoras, comprender a los animales, leer las mentes, psiquismo, entre muchos otros.

Clarividencia: Ver más allá en el futuro, pasado o presente, es parte del psiquismo. Comúnmente esta figura tenía el maravilloso don de la videncia.

Predecir el futuro: Se le consultaba mucho para conocer acerca del futuro y las diferentes posibilidades para tomar decisiones. La bruja predecía mediante la videncia y alguna herramienta o mancia como el Tarot, el café, las runas, los caracoles, la quiromancia, la astrología, etc.

Escuchaba: Escucha con su sentido superior del oído. Mira, lee y oye entre líneas, más allá de lo evidente. Además, tenía la capacidad de escuchar y hablar con los espíritus.

Mantenía cierto estatus: Reconocida en la sociedad por apoyar al buen funcionamiento, por ayudar a que favorecieran los dioses y curar enfermedades, era muy considerada como autoridad en la comunidad, ya que ella conocía el destino y daba consejo sobre el mejor camino para la tribu.

Estaba en contacto con los otros reinos y con el Tótem de la comunidad: Las fuerzas espirituales se comunicaban con ella y la guiaban para a su vez guiar a la comunidad.

La gente la consultaba: Ayudaba principalmente en el amor, en la salud y la buena fortuna. Muchas veces se tomaban decisiones basadas en sus consejos, incluso los reyes y mandatarios esperaban su augurio de acuerdo con lo que decía el oráculo.

Guiaba y aconsejaba: Sobre toma de decisiones en amor, salud, y la vida en general. Utilizaba herramientas predictivas como oráculos para encontrar respuestas.

Sabía sobre las influencias del otro mundo: Al estar en contacto con el otro mundo, podía acceder a su información y sus misterios, recibía señales y recomendaciones de los espíritus.

Gente planta: Gente muy conectada y mimetizada con los bosques, la naturaleza y las plantas; así como las energías de las hadas y seres elementales.

Conocía sobre plantas: Conocía sobre la sabiduría de las plantas y su aplicación en amor, salud, magia en hechizos o remedios.

Ilustración 25.Mnacia por Sheyas Shah.

Estados alterados de conciencia: Uso de sustancias o ritos para entrar en estados alterados de conciencia con el fin de acceder a otros mundos para encontrar respuestas, sanar y convertirse en oráculo.

Practicaba la magia y la transformación: Practicaba la sabiduría de la transformación de los elementos de la naturaleza para logar objetivos, es decir, la hechicería. Aunque se podría incluir aquí el transformarse en animales.

Percibía el mundo de manera diferente: Tiene valores y principios diferentes, más espirituales. Diríamos que ve el mundo de cabeza. Percibían más allá del mundo material, es decir, el mundo espiritual, de no fácil acceso para todos. Percibían el mundo vivo de la naturaleza: La naturaleza es la madre, el mundo está vivo, la Tierra está viva y es divina.

Percibían la conciencia de las rocas, árboles, montañas y aguas: Mostraban respeto por los seres vivos. Trabajo para honrar de forma espiritual a todos los reinos de la naturaleza y aplicación de sus cualidades sutiles.

Ella o él era parte de todo lo que le rodeaba: Debido a su conciencia expandida, todo le co-implica, es muy empática y se mimetiza con el entorno. La comunidad de los brujos o brujas, era muy pequeña: No todos están llamados al camino. Se transfería el conocimiento y linaje de persona a persona, que normalmente era de su misma familia.

Una persona enseñaba a una o dos el arte (Craft): Antiguamente la enseñanza era completamente personal y de boca en boca. A personas muy bien elegidas.

Algunas prácticas que llevaban a cabo era juntarse unas comunidades unas con otras, ellos intercambiaban sus secretos: Este es el objetivo real del coven o cofradía, reunirse a celebrar e intercambiar conocimiento con otros brujos o brujas.

Poco a poco se fue convirtiendo en secta: Debido a la persecución, tuvieron que apartarse de la sociedad y se fueron a los campos y bosques para no ser capturados.

Sacerdote/Sacerdotisa: Es el nombre de la persona que guía al grupo, puede ser hombre o mujer. Cuando la bruja se encontraba en una organización más estructurada, tenía este grado de iniciación.

Observamos que las brujas siempre han sido de gran importancia en la sociedad, y siempre han sido conocidas, temidas o adoradas, son un puente entre lo místico-mágico y lo natural, entre los dioses y los humanos, y la gente siempre ha acudido a ellas para su apoyo y protección. Hay un simbolismo muy rico en torno de la bruja; sin embargo, en la actualidad se tiene un concepto maligno acerca de ellas y se le relaciona con la ignorancia, siendo en realidad todo lo contrario: una mujer sabia.

Señalé algunas de las cualidades por las que tradicionalmente se le conocía a la bruja o chamana del pueblo, es información que podemos encontrar en los textos, pero claro que hay más facultades, además de que hemos señalado todas las formas en las que se utiliza la palabra brujería y bruja.

8.3. Los dones psíquicos

Muchas brujas son conocidas y consultadas por sus facultades psíquicas. Cuando una persona tiene un don extrasensorial activo, se dice que es "bruj@". Algunos de los dones se despiertan una vez que se entra a la Vieja Tradición. Hay otros que se despiertan mientras la persona se va desarrollando espiritualmente. Una vez que se decide entrar al camino de la magia y el despertar, con ciertas prácticas los dones vienen a la persona. Te invito a leer mi libro sobre dones, donde explico detalladamente sobre los tipos de dones que hay, clasificados en 7 elementos.

Una bruja consumada despierta los diferentes dones, En los cursos de "Desarrollo de los dones de la Bruja", hacemos una clasificación exhaustiva de los mismos, además de que vemos orígenes de wicca, magia, plantas, hierbas, símbolos, sanación, canalización (mediumnidad), trabajo con los elementos, elementales y seres de otras dimensiones, el otro mundo, sensibilización, crecimiento personal, manejo de energías, oráculos, misterios y más. Así como este curso que imparto, se pueden aprender técnicas en diferentes lugares, lo importante es siempre tener cuidado y no sentirse arrebatado por este tipo de cuestiones sin practicar a la par un camino espiritual, lo que a la larga puede ser peligroso; esto es debido a que se entra en contacto con fuerzas y esferas superiores que cuando no se tiene un camino claro y una estructura de la psique bien formada, el brujo puede quedar afectado en su energía y en sus facultades mentales, energéticas y emocionales, por la falta de experiencia y conocimiento y una mala guía al enfrentarse con fuerzas sobrenaturales.

Estos dones consisten en el desarrollo extrasensorial de las habilidades psíquicas de los 7 elementos, la Tierra, aire, fuego, agua y otros tres elementos que son espíritu, magnetismo y luz. Aquí están incluidas las 5 habilidades psíquicas de los cinco sentidos: clarisentencia (sentidos exaltados), clarividencia (ver claramente), clariaudiencia (escuchar con claridad), clarigustencia (gusto exaltado), clarioliencia o hipergeusia (olfato exaltado), clarisensencia (presentir o sentir claramente). Hay algunas otras como: Claricognisencia (claro conocimiento) relacionada con el chakra coronario, clariempatía vinculada con el chakra del corazón y algunos otros de los más conocidos como telepatía y psicoquinesis o telequinesis.

8.4. Los dones de Aradia

En el siglo XIV, Aradia enseñó que los poderes tradicionales de una Bruja (o) pertenecerían a cualquiera que siguiera el camino de la Vieja Religión. Aradia llamó a estos poderes, dones o regalos, ya que una vez que te adherías a la Vieja Tradición estos eran los beneficios que traía el Viejo Camino y no eran la razón para convertirse en brujo; entonces las puertas estarán abiertas para ti y los dones empiezan a llegar, te son transmitidos y tú los vas desarrollando porque son parte de las enseñanzas y la tradición.

Estos son los dones de Aradia, los poderes que despiertan en la bruja:

- Traer éxito en el amor
- Bendecir y Consagrar
- Hablar con los espíritus
- Saber sobre cosas escondidas
- Invocar a los espíritus
- Conocer la voz del viento
- Poseer el conocimiento de la transformación
- Poseer el conocimiento de la adivinación
- Conocer y entender los signos secretos
- Curar enfermedades
- Crear belleza
- Tener influencia sobre bestias salvajes
- Conocer los secretos de las manos

8.5. Ser bruja

Ser bruja es estar conectada con la Fuente y su Fuerza, es ser una gran hechicera, maga, vidente, hierbera, sanadora, amante, madre, guerrera, es ser una gran mujer sabia. Las brujas han sido salvadoras de reinos y grandes mujeres en la vida de la humanidad.   El Diario de una Bruja por Samak.

Son almas viejas y protectoras de la Tierra y sus seres, defensoras de lo correcto, voces de la verdad, adoradoras de la Luna, buscadoras de la iluminación y la igualdad, practicantes de magia, defensoras de la naturaleza, guerreras contra la ignorancia.

Para mí ser bruja es: "Siento mi sangre hervir con la palabra BRUJA. Para mí ser bruja es un poder que corre por mis venas, siento que mi sangre y mi alma cargan con un linaje, que no sólo es el mío, es una sabiduría ancestral que ha cargado con mucho, tanto ha sido… Sabes, ha sido dolor y magia, poder y sangre derramada, he sido rechazada por instituciones, y por los hombres; me han tachado y rechazado, aunque ellos me necesitan. Siempre encontrarán en mi regazo donde llorar y sacar sus penas, siempre mi mano estará extendida para ayudar. Muchas veces vienen pidiendo ayuda con lágrimas en sus ojos. Llegan a mí cuando sienten que ya no pueden hacer nada, y los ayudó a desbloquearse, a quitarse la venda y a creer en ellos, porque ellos han creído en mí, que no soy yo, es un poder desconocido y oculto. Mi regalo al mundo es creer en ese poder escondido e infinito dentro de ellos, que creen reside en mí, pero no es sólo así; está en TODO".

El Diario de una Bruja por Samak.

8.6. Tener magia

Es muy común entre las personas que nos dedicamos a esto, identificar si alguien tiene magia o no, por el brillo peculiar en los ojos, es una mirada profunda y sabia, por su tipo de energía y por una forma peculiar de percibir la vida.

Podemos estar satisfechos con nuestra vida material, sentirnos realizados, completos y estables. Pero cuando hemos decidido dar un paso más allá y sumergirnos en los misterios de la vida, la muerte y la magia, es porque estamos listos y hemos recibido el llamado de la Gran Fuerza y nuestro sistema energético y espiritual nos impulsa a despertar y reactivar nuestra magia. Este es el proceso de ascensión y despertar de la conciencia. Tu camino espiritual puede ser el que sea, todos llevan en esencia y verdad, a lo mismo. Este es el camino de la Magia y ocultismo.

Todos tenemos **MAGIA**, es esa energía que viene de los confines del universo, es la Gran Fuerza divina que fluye a través de nuestro ser. En las bruj@s y mag@s fluye más, porque han nacido con esa energía debido a su trabajo en vidas pasadas, el grado de evolución de su alma y ahora son vehículos de la energía superior debido a que han trabajado a nivel personal y espiritual en esta vida.

Para podernos llamar magos o brujas, debemos desarrollar varios dones o habilidades. Desde un punto de vista sistémico, a la par de nuestro a) desarrollo espiritual, van la b) confección adecuada de nuestra personalidad mediante un proceso alquímico, la práctica de las habilidades mediante el c) desarrollo de nuestros dones y mucho conocimiento, estudiando y recordando sobre los e) antiguos misterios y sabiduría; sólo entonces podremos llamarnos realmente Mag@s o Bruj@s.

8.7. Tipos de bruja

La bruja siempre ve más allá, en la profundidad, conoce la esencia de las cosas y la vida. Desde pequeña ha tenido el anhelo por llegar a la iluminación, por trascender y ayudar, enseñar y dar lo mejor de sí.

Lo primero que hice para determinar las facultades que debe desarrollar una bruja, fue analizar a lo largo de la historia las diferentes habilidades que ha tenido. Investigué en diferentes culturas, así como en diferentes fuentes.

Porque ser bruja implica muchas cualidades y el desarrollo de diferentes facultades. Vamos a considerar que no todas las personas se dedican al 100% a la brujería; sin embargo, hay muchas personas que usan estas facultades en su vida cotidiana u ocasionalmente.

En diferentes lugares las clasifican de acuerdo con colores y a algunas habilidades, las han clasificado como: bruja verde, bruja de cocina, bruja de seto/cobertura, relacionadas con los usos de la magia natural; sin embargo, mi clasificación es diferente.

Después de un profundo análisis histórico y antropológico, la bruja se desarrolla en diferentes áreas de sabiduría desarrollando las siguientes facultades principales:

Ilustración 26.Tipos de bruja por Samak.

118

He hecho una clasificación de los tipos de bruja que hay de acuerdo con sus facultades y de acuerdo con los niveles de complejidad y conocimiento que porta, así tenemos los siguientes niveles:

- **Básico:** En realidad cualquier persona con un poco de magia y conocimiento puede practicar y trabajar en este nivel. Aquí tenemos a las brujas: adivinadoras, psíquica, herbalista, hechicera, sanadora.

- **Intermedio:** Hay una conexión más fuerte: Witcha, naturalista, espiritista, mística, astróloga.

- **Avanzado:** Se requiere de mucho estudio y guía, una dedicación más ardua e involucramiento en el ocultismo y sus misterios. Aquí tenemos a la bruja maga, ocultista, alquimista, sacerdotisa, sabia.

A continuación, estoy enlistando cada tipo de bruja, daré un aceite esencial que activa la energía de cada una, recomendaciones para activarla y preguntas para ver si te identificas con ella.

1. Bruja herbalista

La bruja se conecta con las plantas, conoce sus propiedades desde su corazón, pero también ha estudiado sus secretos. Este tipo de conocimiento la ha caracterizado desde antaño, incluso se decía (en la inquisición) que esa sublime sabiduría no podía venir de ella, sino que le era susurrada por el diablo. Lamentablemente por esto, la herbolaria cayó en el ámbito de la superstición.

Ilustración 27. Bruja herbalista.

La Bruja herbalista conoce los secretos de las plantas para sanación y hechizos.

Las usa en aceites esenciales, aromaterapia, en infusiones o tés, baños, brisas, ungüentos, inciensos, las utiliza para elaborar sus velas, hechizos, las usa secas para todo uso, como polvos mágicos e incluso en la comida. Utiliza también la esencia de las flores en sus flores de Bach, flores de Xochimilco, elixires zodiacales, flores del mediterráneo, entre otras.

Le encanta ir al bosque y al campo a recolectarlas. Se conecta con el espíritu de las plantas. La bruja moderna adora ir al puesto de yerbas o adquirir sus aceites esenciales, usarlos y olerlos todo el tiempo.

Acerca de las plantas y la bruja:

- Todo objeto tiene dos tipos de energía: el mana y el numen.

- Mana: energía electromagnética

- Numen: Energía inteligente que forma parte de la gran unidad, del Todo.

- Las cosas y las plantas están ahí, pero no saben para qué están, **la bruja les da la intención,** las encanta.

Trabajar con la magia de las plantas implica una transformación interna y externa. Es la diferencia entre la alta magia y la baja magia.

Nuestras abuelas preparaban las sopas utilizando el ajo, antibiótico natural que ayuda a combatir enfermedades, también lo utilizaban para ahuyentar a los demonios que causaban sufrimiento humano. Estas prácticas populares guardan gran sabiduría, se dieron cuando había una mayor conexión con la naturaleza.

El uso de las plantas se remonta al antiguo Egipto, pasando por Grecia, los hebreos, etc. Grandes sabios como los astrólogos, filósofos y alquimistas, estudiaban y aplicaban las cualidades sutiles de las plantas. Desde el principio del tiempo, los aceites extraídos de las plantas aromáticas han sido reconocidos como la medicina más efectiva conocida por la humanidad.

Recuerda el olor a alcanfor o eucalipto en las habitaciones de los enfermos. El olor a mostaza en la pasta, así como su uso en el pecho para aliviar el resfriado. El té de tila para tranquilizar, el té de manzanilla, anís, limón y miel para curar las enfermedades respiratorias.

El poder de la curación de las enfermedades **reside dentro de la mente humana**, si tan solo pudiéramos estimularla hacia la acción...

Entre las posibilidades mentales con las fragancias y crear efectos sobre el cuerpo físico con la aplicación directa, están los fundamentos de la práctica de la **aromaterapia**.

Hay olores que incitan a la tranquilidad, a la acción o a la sensualidad.

La importancia de las plantas aromáticas a lo largo de la historia en las civilizaciones humanas es muy conocida, tanto para preparación de comida como para rituales, religiones, cosméticos, medicina y otros aspectos de la vida humana.

Existen leyendas que proclaman la santidad de una fragancia u otra. Muchas muestran el origen de una planta o flor como el dominio exclusivo de un dios, diosa, profeta o héroe en particular.

Ilustración 28. Dios Narciso ensimismado en su reflejo.

Por la magia de la diosa Artemisa, Narciso se enamoró de su propio reflejo en el agua. Se sintió incapaz de ignorar la hermosa visión que tenía ante él, aunque no podía abrazar la figura dentro del agua. En su frustración, se quitó la vida. A medida que su sangre empapaba la Tierra, salía la flor que todavía lleva su nombre: Narciso.

Tiene un aceite narcótico. Así como Narciso fue atrapado por la tóxica visión de su propio reflejo en el agua, la flor tiene un efecto intoxicante en quien la utiliza.

La rosa, consagrada a Afrodita, la diosa del amor, es un ingrediente común en muchas de las mezclas mágicas famosas por sus propiedades de atracción.

Ilustración 29. La rosa.

Existe una historia y una leyenda para algunos de los aceites fragantes y las plantas.

También podemos encontrar a quienes sugieren que plantas acompañaban al muerto al más allá, para sacar a los malos espíritus, para atraer el amor, para atraer suerte o dinero.

La ciencia ha separado los componentes químicos individuales de abundantes hierbas y los ha extraído o reproducido sintéticamente para crear los farmacéuticos que ahora están ampliamente disponibles.

Los aceites esenciales mantienen clatratos, ya que son tomados directamente de la planta en sus mejores condiciones, con memorias de la naturaleza, de la historia, de lugares, por ello son ingredientes vivos y extraordinarios en las fórmulas mágicas de las brujas.

OJO: es bien importante el cariño con el que se cultivan y se cosechan, y las manos por las que van pasando.

Se comunican con nuestro cuerpo para recordarle su perfecto funcionamiento, cada planta trae un mensaje y llega a un lugar específico.

Es por ello que al ingerir o untarnos una gota de su aceite esencial, esta información corre por la red informática de nuestro cuerpo al instante para recuperar el estado de salud.

La bruja herbalista adora sus plantas, sabe para qué sirven, y conoce perfectamente que siempre es excelente usarlas para su equilibrio, son regalos de los dioses para nuestro beneficio, regalos de la naturaleza y son perfectamente compatibles con nuestro sistema cuerpo-mente.

El ACEITE ESENCIAL para activar las facultades de la BRUJA HERBALISTA es la **LAVANDA**

RECOMENDACIONES: Aprender sobre las cualidades de las plantas y sus aceites esenciales y usarlos cotidianamente.

PREGUNTA PARA SABER SI ERES UNA: ¿Te curas con plantas? ¿Usas la aromaterapia?

SEÑALES EN TU PALMA DE QUE ERES BRUJA HERBALISTA: Mano de tierra (palma cuadrada y dedos cortos), pocas líneas en la palma, punta de dedos en punta, línea de la vida bien marcada, cruz en monte de Saturno (medio), doble línea debajo del dedo de Júpiter (índice), puede estar no muy bien marcada.

2. Bruja sanadora

Ilustración 30. Bruja sanadora.

La bruja sanadora o servidora siempre está dispuesta a ayudar a los demás aplicando su conocimiento sobre las energías, sanación y magia.

Siempre buscará apoyar en lo que pueda y conozca, cuenta con una gran necesidad de saber más para solucionar problemas o hacer la vida más llevadera y feliz.

La bruja sanadora conoce diferentes técnicas de curación, sana física, emocional, mental y energéticamente, también sana lugares y objetos y lo hace con las plantas y sus aceites esenciales, sana también con cristales, árboles, y en general con las cualidades sutiles de la naturaleza o incluso conoce y aplica las propiedades químicas. Estas energías le susurran sus aplicaciones porque está conectada con ellas. La bruja sanadora sabe siempre qué método utilizar para todo tipo de males.

Pero también ha abierto los canales de sus manos con lo que encanta y cura, hace sus meditaciones, maneja las energías, como por ejemplo la energía universal, chakras, meridianos, abre los caminos y quita daños y brujerías.

El don de curar enfermedades y emociones forma parte de esta facultad.

Sabe que el primer paso es sanarse a sí misma.

Al conocer diferentes técnicas para sanar emociones y pensamientos, muchas brujitas son psicólogas. Reconocen patrones negativos y los cambian en ellas y ayudan a cambiarlos en otros.

Siempre medita para ella estar bien y transmitir esto a sus pacientes.

Siempre investiga sobre las enfermedades y busca todo tipo de soluciones, incluso puede llegar a estudiar cualquier tipo de medicina. Las doctoras y los doctores son una cara de esta facultad.

A final de cuentas quiere ser libre de las ataduras que le impiden conectarse con su ser superior, que son las enfermedades físicas, emocionales, mentales y espirituales.

El ACEITE ESENCIAL para la BRUJA SANADORA es el **CIPRÉS.**

RECOMENDACIONES: Practicar medicina alternativa o tradicional, uso de plantas y aceites esenciales, estudiar algún método de sanación: reiki, energía universal, bioquantum, visualizaciones, hechizos, etc.

PREGUNTA ¿Usas algún método alternativo de sanación? ¿Usas plantas o cristales para curar enfermedades? ¿Investigas sobre enfermedades y todo tipo de curación?

SEÑALES EN TU PALMA DE QUE ERES BRUJA SANADORA: Cruz de San Andrés, cruz en monte de Neptuno, líneas de Marte (paralela a vida), mano de tierra (palma cuadrada y dedos cortos), lunar en la mano, líneas debajo de monte de Mercurio (meñique).

3. Bruja adivinadora

Ilustración 31. Bruja adivinadora.

La Adivinación forma parte fundamental en la tradición de las brujas. Ella misma se convierte en oráculo, sabe sobre el pasado, futuro y sobre lo que está pasando. Conoce sobre distintas mancias. Al tener la extrasensibilidad o clarisensencia, siente y sabe lo que le pasa a otros y siente lo que sucede en el entorno, pero además se ayuda de herramientas para poder predecir.

Según el diccionario de la Real Academia de la Lengua, mancia significa "adivinación" o "práctica de predecir". Proviene del griego *manteia*. Se utiliza este término para denominar a las técnicas de adivinación o predicción del futuro.

Existen infinidad de mancias diferentes que se vienen utilizando desde el inicio de la civilización y que son muy conocidas, (muchas de ellas descritas en mi libro de dones) como podrían ser: las cartas del tarot (cartomancia), la quiromancia (manos), las runas, el agua, las velas, el café, la bola de cristal o el péndulo. Los sabios de pueblos antiguos como los caldeos, los babilonios o los árabes, utilizaban estas técnicas para hacer predicciones. A ellos acudían personas de todo tipo para recibir consejo y una guía para las decisiones importantes a tomar en sus vidas. Desde campesinos hasta reyes y dirigentes militares buscaban ser ayudados por medio de las mancias practicadas por los sabios.

Una de las razones por las que está facultada para esto es debido a que ha dado el salto en el tiempo y el espacio, mirando más allá de la distancia y el momento. Ella está conectada con la gran fuerza y la 4ª dimensión, que es el mundo de los arquetipos fuera del tiempo.

El ACEITE ESENCIAL para la BRUJA ADIVINADORA es el **ROMERO**

RECOMENDACIONES: Estudiar y practicar lectura de café, Tarot, adivinación, runas y péndulo que son las más usadas en la actualidad.

PREGUNTA: ¿Practicas alguna mancia?

SEÑALES DE QUE ERES BRUJA ADIVINADORA: Cruz psíquica en monte del Sol (anular), cruz psíquica en el Monte de Júpiter, cruz secreta, "M" en palma, lunar en el ojo, lunar en la nalga. Lunar en la frente, lunar en coyunturas de brazos y piernas, lunares en los dedos de los pies, lunares en forma de flecha, de mapa, rombo.

4. Bruja psíquica

La BUJA es PSÍQUICA ya que percibe las vibraciones más sutiles mediante los otros sentidos, por lo que es VIDENTE, MEDIUM, CLARIAUDIENTE, entre otras facultades.

Lo **psíquico** del griego ψυχή, *psyché*, «alma humana», es del alma, la mente o relacionado con ella; también es lo relacionado con las energías. Sin embargo, a nivel espiritual es la utilización de la **percepción extra-**

Ilustración 32. Bruja psíquica.

sensorial para identificar información oculta a los sentidos normales, particularmente involucra telepatía o clarividencia, o se realizan actos que aparentemente son inexplicables por las leyes naturales.

La bruja desarrolla sus poderes psíquicos, desde las percepciones extrasensoriales, es decir, los otros sentidos hasta facultades más complejas y avanzadas como viajes astrales.

Las facultades de la psíquica son aplicadas en otras facultades como el espiritismo y la adivinación.

Tales facultades sobrenaturales son denotadas muchas veces con clary-i "claro":

Clarividencia: Ver claramente.

Clariaudiencia: Escuchar con claridad.

Clariseciencia: Sentir claramente o presentir con claridad.

Claricognisencia: Claro conocimiento.

Clarigustiencia: Gusto claro.

Hipergeusia (Clarioliencia): oler con claridad.

Clariempatía: clara emoción.

Claritangencia: toque claro.

Algunos otros de los más conocidos son **telepatía y psicoquinesis o telequinesis.**

Hay otro tipo de dones vinculados con el psiquismo, pero los señalados son los principales.

El desarrollo de los mismos es consecuencia de la elevación espiritual de la Bruja, su práctica, pueden ser heredados y muchas veces los trae de vidas pasadas. Siempre son para ayudar a quien lo necesite.

El ACEITE ESENCIAL para la BRUJA PSIQUICA es la **SALVIA**

RECOMENDACIONES: Estudiar y practicar mediumnidad, clarividencia y psiquismo, meditar, permanecer en estado de vacío cuando toquemos a alguien o interpretemos algo para que lleguen las iluminaciones y respuestas. Hacer caso a la intuición.

PREGUNTA: ¿Tienes percepciones extrasensoriales? ¿Ves fantasmas? ¿Sientes lo que otras personas? ¿Te llegan visiones de lo que te va a pasar?

SEÑALES DE QUE ERES BRUJA PSÍQUICA: Mano psíquica o de agua (palma alargada y dedos largos), mano muy ocupada. "M" en palma, estrella, monte de la Luna pronunciado, línea de Isis, 3 lunares en forma de triángulo, granitos en los brazos, lunar en el ojo, lunar en la oreja, lunar en el cuello.

5. Bruja hechicera

Conoce y practica la magia natural, pide ayuda de los espíritus y otros tipos de magia.

Usa las herramientas de la naturaleza para lograr cambios en su vida y la de otros, aconsejándolos y ayudándolos.

También conjura llamando a energías de Dioses y seres.

Elabora pócimas, baños, sacos, velas, hechizos, polvos mágicos, hace conjuros para sanación, tener éxito en el amor, dinero, éxito en general,

Ilustración 33. Bruja hechicera.

protección y purificación. Sabe hacer elixires y reconoce su poder.

Cuenta con su libro de sombras o grimorio que tal vez le fue heredado, donde están escritas fórmulas, conjuros y rituales que practica.

En la antigüedad se consideraba que la hechicera siempre era adivinadora, aunque aquí las colocamos en rubros diferentes.

El ACEITE ESENCIAL para la BRUJA HECHICERA es la baya de **ENEBRO.**

RECOMENDACIONES: Estudiar y practicar hechicería, usar aceites esenciales para pócimas, usar las plantas dándoles una intención mágica.

PREGUNTA ¿Alguna vez has encendido alguna vela o incienso con alguna intención? ¿Has hecho rituales?

SEÑALES DE QUE ERES BRUJA PSÍQUICA: Cruz psíquica en monte del Sol (anular), cruz en el monte de Apolo, triángulo psíquico, mano de Tierra, lunar en la boca o cerca de la boca o nariz, lunar en los brazos, punta de dedos en punta, lunar formando un corazón o una corona.

6. Bruja naturalista

La bruja naturalista trabaja con la rueda del año su desarrollo y los ciclos: Sabats y Esbats – Estaciones y cosechas. Es conocida como la **bruja verde** (aunque también se incluiría la herbalista).

Cuida de la naturaleza, por lo que es ecologista y filosustentable.

Conoce los secretos de la naturaleza y sus leyes, tiene la sabiduría de las plantas, piedras, árboles, energía de los animales, de las épocas del año, de los ciclos.

Ilustración 34. Bruja naturalista.

En primera instancia, su cosmovisión necesita estar basada en sabiduría ancestral, de alguna cultura milenaria y, en mi opinión, integrada con la ciencia; es decir, un sistema de leyes y creencias razonable que fundamente la vida, sus valores, que motive a la evolución, que constituya una totalidad abarcando todas las áreas de su existencia y le permita reconocer que la divinidad está presente en Todo, incluso en cada uno de nosotros. La Filosofía de la naturaleza cumple con estos principios, diciéndonos que toda la sabiduría está en la naturaleza, que el interno transforma el entorno y pide honrarla y respetarla, así como a todos sus seres, entre muchos otros principios. Esto nos lleva a desarrollar **sabiduría** sobre **los ciclos**, los misterios de la vida, la muerte y el renacimiento, el conocimiento de las estrellas, de nuestro origen y las energías de la naturaleza y la vida.

Algunos de los principios de la Filosofía de la Tierra o de la naturaleza son:

- **Conocimiento de los ciclos:** Como parte de una filosofía natural. Una bruja debe saber sobre las fuerzas, es decir, la energía ódica, que se mueve con las estaciones, los equinoccios y los solsticios, las cosechas, las estrellas; y los celebra y usa su magia en RITUALES. Por supuesto cree en la reencarnación y las leyes de causa y efecto, los misterios y leyes de la vida, la muerte y el renacimiento.
- **Sabiduría de la naturaleza:** Al dominar la sabiduría de las plantas, los árboles, las semillas, las piedras y los animales, sabe sobre las influencias de las energías en las épocas del año y sus energías; la misma sabiduría de la naturaleza le ayuda a conocer sobre el presente observando a la Tierra, el pasado escarbando e introduciéndose en la Tierra y el futuro consumiendo o inhalando a la Tierra. Ella se convierte en el oráculo.
- **Filosofía de la Naturaleza:** Sabe que la gran sabiduría está en la naturaleza, que ella tiene todo para enseñarnos, por lo que la sigue, y entiende sus señales, está muy conectada con la Tierra y toda su vida está acomodada en una cultura completamente natural, evita contaminar, es ecologista, defensora de la vida y del equilibrio, es sustentable. Trata siempre de comer sano y natural trata siempre de encontrar las soluciones naturales sin efectos colaterales dañinos.

Trata de vivir en el bosque, le gusta todo lo verde, es vegetariana, cuida siempre de la naturaleza y sus seres, es ecologista, muchas veces activista. Siempre tiene flores y plantas en su casa.

El ACEITE ESENCIAL para la BRUJA NATURALISTA es la **MIRRA**

RECOMENDACIONES: Estudiar y practicar la FILOSOFÍA DE LA NATURALEZA. Celebrar los SABATS y los ESBATS. Vivir en el bosque o rodeada de vegetación.

PREGUNTA ¿Eres ecologista? ¿Comes natural? ¿Cuidas del planeta?

SEÑALES DE QUE ERES BRUJA NATURALISTA: Cruz en el monte de Saturno (medio), mano de Tierra (palma cuadrada y dedos cortos), arco en la huella de los dedos, monte de Luna equilibrado o prominente.

7. la Bruja mística

Ilustración 35. Bruja mística.

La bruja mística tiene una fuerte conexión con las fuerzas divinas. Aspira a la unión con el Dios o la Diosa, hace a un lado en su vida todo lo que no sea la devoción y su unión con lo divino.

Persigue la máxima expresión de la divinidad y respeta toda forma de vida, mostrando misericordia y servicio siempre.

Siente un gran amor incondicional por todo cuanto existe porque mira la divinidad ahí en cada expresión de la existencia, ya sea visible o invisible.

Le encanta orar, meditar, conectarse con la naturaleza y reconoce a la divinidad en su entorno, se siente y se sabe conectada con el Universo, propaga el amor, la libertad y el amor. Le encanta usar velas, inciensos, cantar, danzar, hacer rituales, meditar y compartir.

El ACEITE ESENCIAL para la BRUJA MÍSTICA es el **JAZMÍN**

RECOMENDACIONES: Estudiar y ejercer alguna práctica espiritual, en el caso de Wicca es a través de los rituales de conexión y los sabats y esbats.

PREGUNTA ¿Meditas? ¿Has sentido conexión con la divina fuerte?

SEÑALES DE QUE ERES BRUJA MÍSTICA: Cruz secreta, cruz de San Andrés, cruz en monte de Neptuno, triángulo en monte de Neptuno, punta de dedos redondeada, monte de Júpiter prominente, lunar en la cadera, dedo de Mercurio con punta redonda.

8. Bruja astróloga

Ilustración 36. Bruja astróloga.

Conoce los secretos y poderes de los astros y sus influencias, trabaja con su magia y los misterios de las lunas. Sabe cuándo son propicios o no para sus objetivos.

Utiliza sus energías para conocerse. Ocupa la Astrología para predecir y elegir los mejores momentos; elabora cartas astrales, eleccionales, horarias, sinastrías, tránsitos. Con esto puede saber las tendencias de las personas en su vida.

Ella lee los soles y sabe que somos un microcosmos reflejo del macrocosmos. Al profundizar en el estudio de las estrellas, sabe que todo está conectado y conoce de las influencias zodiacales, sabiduría que aplica a sus hechizos, en su proceso de equilibrio y sanación espiritual y emocional, dicta sus ceremonias y lo aplica en las correspondencias con cristales, plantas, colores y perfiles psicológicos. Sabe de los grandes eventos, el cambio de era, el cambio de estaciones, las cosechas, las lunas, los eclipses y de las puertas que se abren de acuerdo con configuraciones astrológicas.

El ACEITE ESENCIAL para la BRUJA ADIVINADORA es la **MENTA.**

RECOMENDACIONES: Estudiar y practicar la Astrología, saber siembre la fase de la luna y los sabats de la rueda del año, sintonizarse con estas energías. Conocer sobre los aspectos astrológicos importantes y saber cómo afectan en la vida diaria.

PREGUNTA ¿Te interesan las fases de la luna? ¿Te has hecho tu carta astral?

SEÑALES DE QUE ERES BRUJA ASTRÓLOGA: Estrellas en tu palma, cruz y estrella en monte de Urano.

9. Witcha

Ilustración 37. Witcha.

"No, corazón, no me avergüenza que me llames BRUJA. Por el contrario, me siento honrada porque es el nombre que ha pertenecido a grandes hechiceras y magas, videntes yerberas, sanadoras, amantes, madres, guerreras, salvado-ras de reinos y grandes mujeres en la vida de la humanidad... La Fuerza divina corre por nuestra sangre... de todo somos testigo, donde quiera nos encontramos y te encontramos."

El Diario de una Bruja por Samak.

Cualquiera que sea el nombre con el que se le conozca, la verdadera bruja, Witcha o Wicca es aquella que practica Wicca, Modern Witchcraft, Old Witchcrat o algún camino de creencias 100% mágico. Asume la brujería como una cultura, adoptándola como su forma de ser; así mismo ha adoptado su filosofía ecológica, la ética y la visión artística, la practica como su religión, orienta su comida, moralidad, costumbres, es una forma de mirar la medicina, sus hábitos y celebrar festividades.

Ser Witcha, o Wicca **es ya practicar el sistema y que forme parte de la vida de la bruja**, es ya llevar a cabo la veneración al Dios y a la Diosa en la naturaleza, es practicar la magia no sólo para sí, sino como un acto místico de unión divina, es celebrar la rueda del año, es decir, todos las Sabats y los Esbats e integrar los ritos de paso en su vida cotidiana.

Es reconectarse y alienarse con las fuerzas de la naturaleza, la Gran Diosa, sus ciclos y la magia; es comunicarse y trabajar con las energías ancestrales, de otros mundos, como las hadas, los dioses y los guías. La Witcha tal vez fue educada así por sus padres o no sólo ha estudiado esto, lo ha integrado en su sistema de creencias y lo practica. Tiene el conocimiento e incorpora tal sabiduría ancestral a su sistema de vida.

Le gusta conocer sobre los misterios, se ha reconectado con su magia y la magia del Universo.

Conoce los símbolos mágicos y los usa.

La Witcha se convierte en parte de un mundo multidimensional, ya reconoce otras dimensiones y reinos.

Trabaja con las herramientas mágicas y los elementos.

El ACEITE ESENCIAL para la WITCHA es **INCIENSO o COPAL**

RECOMENDACIÓN: Estudiar, leer, practicar Wicca o Modern Witchcraft, ir al bosque y naturaleza.

PREGUNTA ¿Celebras los equinoccios, los solsticios, las cosechas y las lunas llenas? ¿Los ritos de paso, ¿Los celebras conforme a la tradición wicca?

SEÑALES DE QUE ERES BRUJA WITCHA: Línea de Isis, punta de dedos en punta, lunar en el dedo pulgar, cruz en el monte de Saturno, lunar en la nariz, lunar en la nalga, lunar arriba de la boca, lunar en la barbilla, lunar en forma de un cuadrado, lunar formando un caballo.

10. Bruja espiritista

Contacta con los espíritus, ya sean humanos, maestros, guías, seres interestelares, dioses, hadas y espíritus de la naturaleza, los llamados seres del más allá, normalmente relacionados con el mundo de los muertos. Aunque, cuando no ha limpiado su canal, puede contactar a los espíritus del bajo astral, incluso en contra de su voluntad.

Ilustración 38. Bruja espiritista.

El Espiritismo existe desde el principio de los tiempos. La religión del espiritismo como tal, surgió en Estados Unidos en 1948 cuando ocurrió el fenómeno que lo introdujo, este fenómeno se llamó "golpe de los espíritus" y estos golpes venían del interior de la casa de la familia Fox. Las hermanas Fox se hicieron famosas después de que un vendedor ambulante, que fue asesinado y enterrado en el sótano de su casa, se comunicó con ellas mediante dichos golpes para revelar el lugar donde estaba su cuerpo en el sótano.

Personas influyentes de aquella época se acercaron a las hermanas Fox, y como consecuencia se creó la religión del "espiritismo", que consiste en una serie de principios dictados por ellos cuyo principal representante es Alan Kardec. Aquí fue cuando más popular se hizo.

Hablar con los espíritus, y como primer paso escucharlos es uno de los Dones de Aradia. La bruja conoce y contacta a los seres del más allá y otros tipos de seres de diferentes dimensiones. Escucha las voces del viento, se comunica con los espíritus y percibe su naturaleza e intención.

Para saber sobre el tipo de seres que más te contactan, es necesario analizar la Luna en tu carta astral, en mi libro de **Astrología** viene una amplia explicación al respecto.

El aceite esencial para la BRUJA ESPIRITISTA es la **RUDA o ÁRBOL DE LA VIDA.**

RECOMENDACIONES: Estudiar y practicar el Espiritismo o mediumnidad, orar pidiéndole a los espíritus.

PREGUNTA ¿Te han visitado los muertos o has escuchado sus voces? ¿Los has visto? ¿Has tenido visiones de mensajes o respuestas que te envían los espíritus?

SEÑALES DE QUE ERES BRUJA ESPIRITISTA: Lunar en la cara, lunar en el pecho, cruz en el monte de Neptuno, cruz entre el monte de Mercurio (meñique) y Apolo (anular), cruz en la yema del dedo índice (Júpiter).

11. Bruja ocultista

La bruja ocultista conoce sobre lo oculto, los misterios de la vida, la muerte, las dimensiones y los dioses.

Tiene poder receptor, guarda el control para dirigirse a los reinos invisibles. Estudia los misterios y el hermetismo occidental, como la Qabalah, el Tarot Iniciático, Astrología oculta, Alquimia y la magia antigua. Practica los rituales y la alta magia. Le encantan los diferentes misterios y de los que más le fascinan son los del antiguo Egipto.

Ilustración 39.Bruja ocultista.

Pertenece a alguna Escuela de Misterios y ha pasado por algún proceso de iniciación en alguna orden. Es una ardua estudiosa de ocultismo y puede fungir como sacerdotisa en su templo.

El ACEITE ESENCIAL para la BRUJA OCULTISTA es el **NEROLI.**

RECOMENDACIONES: Estudiar ocultismo o en alguna escuela de misterios el camino iniciático. Iniciarse en ocultismo occidental.

PREGUNTA ¿Te gustan los caminos iniciáticos? ¿Te gusta estudiar sobre los misterios occidentales? ¿Has pasado por algún proceso iniciático?

SEÑALES DE QUE ERES BRUJA ESPIRITISTA: Cruz psíquica en monte Mercurio (meñique), mano de aire, línea de la cabeza larga y profunda, lunar en el monte de Mercurio (meñique), cuadrado en monte de Saturno (medio).

12. Bruja alquimista

La bruja es alquimista, trabaja con la transformación de sustancias y de su propio ser.

Mediante la transformación alquímica ella espiritualiza la materia y materializa el espíritu; así, trabaja con la Luna que son los instintos y las energías inconscientes de su personalidad, dándoles la luz del Sol

Ilustración 40. Bruja alquimista.

que es la conciencia. Comprende el significado supremo de la existencia. Purifica su ser mediante rituales y elixires. Se eleva hacia la divinización, reconociendo así, su divinidad solar, haciéndola cada vez más presente en su vida. Practica la antigua alquimia, puede ser la oriental, la egipcia o la ocultista tradicional.

Busca reconectarse con su verdadera esencia. Ella es el caldero de transformación, es "el alambique".

La bruja ha llevado a cabo la alquimia interior, ha llevado a cabo una profunda metamorfosis, se ha despedido de sus viejos dolores, miedos, rencores, tristezas e infelicidad, les ha dado luz; y ahora, en su misión de servir, ayuda a otros con su medicina que consiste de:

- Elíxires
- Conocimiento
- Transformación
- Rituales mágicos

Si una bruja te acompaña en tu camino, siéntete bendecido, seguro sabrá qué hacer para ayudarte, porque recuerda que ella al ser LA MAGIA Y SER SABIA, te ayudará a activar la tuya para sanarte.

Puede ser que le guste mucho hacer sus mezclas y experimentos químicos.

Incluso puede ser una alquimista exterior, o sea, realmente trabajar con los procesos físicos de la transformación del plomo en oro, lo que llamamos ahora Psicología.

El ACEITE ESENCIAL para la BRUJA ALQUIMISTA es la **ROSA.**

RECOMENDACIONES: Estudiar y practicar tanto la Alquimia. Practicar la transformación y la resiliencia. Hacer elixires y pócimas.

PREGUNTA ¿Te gusta preparar elíxires, mezclas e infusiones? ¿Llevas a cabo algún proceso de transformación profunda?

SEÑALES DE QUE ERES BRUJA ALQUIMISTA: Mano de aire (palma alargada y dedos cortos) o agua (palma alargada y dedos largos), monte de Júpiter pronunciado, tridente en Júpiter. Línea de la base del dedo hacia arriba con su origen por el pulgar.

13. Bruja maga

*Ilustración 41.
Caldero.*

Al ser magia "**alta sabiduría**", la bruja la practica mediante la transformación y manejo de energía. La magia es hacer cambios a voluntad, y su principal objetivo es su elevación espiritual.

Sabe sobre el arte de la transformación, sabe sobre alta y baja magia, sobre procesos alquímicos. Sabe sobre los elíxires y las esencias de las plantas para su divinización.

Usa sus herramientas mágicas que corresponden a los elementos y el desarrollo de sus facultades como: **caldero, escoba, vara, athame o espada, grial y pentáculo.** No sólo trabaja con estas herramientas, sino que ha pasado por un profundo proceso de transformación alquímica perfeccionando los rasgos de su personalidad: pensamientos, sentimientos, acciones y vida.

Como maga **conoce y maneja las energías**, sabe sobre sus diferentes tipos, como las del cuerpo, las cosas, los campos, la Tierra y el Universo. Debe estar actualizada en cuanto a las leyes de la energía y las influencias astrológicas. Dentro de su sistema de creencias y conocimientos está el manejo de los campos energéticos, los chakras, los meridianos de acupuntura, la energía ódica, el prana, orgón, etc. Sabe de la acumulación o bloqueo de las energías y ayuda con el flujo adecuado de las mismas. Y por supuesto sabe sobre los daños y fuerzas negativas, así como de las positivas y ayuda a la gente a liberarse de los males energéticos. Sus canales energéticos están abiertos, ella canaliza la energía y se convierte en una fuente de poder, de luz y amor.

Además de ser sumamente intuitiva y mirar más allá (muchas veces clariaudiencia y clarividencia), sus **canales energéticos están abiertos**, sabe equilibrarlos, sabe dirigir esta energía para fines mágicos. Es un canal y una fuente de energía para servir. Canaliza las energías de los dioses y del Universo.

Una bruja o brujo es acción, es decir, no sólo basta con estudiar, hay que practicar, hacerlo, aunque sólo sea para uno mismo, que con eso ya se está sirviendo mucho, ocupándose de su propia evolución.

La Maga puede ser hechicera, aunque muchas veces ya no necesita de los hechizos para lograr sus objetivos, con su simple voluntad y pensamientos transforma el entorno. Es capaz de crear su propia vida, o redirigirla conforme a sus deseos, conoce todos los significados o los intuye porque tiene la claricogniscencia.

Dentro de este ámbito también incluimos a aquellas brujas que se convierten en animales (nahualismo). Encontraremos siempre historias sobre este tipo de prodigios.

El ACEITE ESENCIAL para la BRUJA MAGA es el **SÁNDALO.**

RECOMENDACIÓN: Indispensable meditar, practicar técnicas de manejo de energía, y defensa psíquica, confeccionar tus herramientas mágicas.

PREGUNTA ¿Usas vara, caldero y escoba? ¿Usas alguna técnica de manejo de energía? ¿Pasan las cosas que deseas, piensa y pides?

SEÑALES DE QUE ERES BRUJA MAGA: Cruz psíquica en del monte dedo medio (Saturno), triángulo psíquico, cruz de San Andrés, líneas de Marte (paralelas a la vida), mano de fuego, monte de Júpiter (índice) prominente, tercera falange más grande, lunar en la espalda.

14. Bruja chamana/sacerdotisa

Así se le conoce en algunos lugares, pero el verdadero nombre es PSICOPOMPA. También se le conoce como CAMINANTE ENTRE LOS MUNDOS ya que es viajera entre planos de existencia, va entre las dimensiones y conoce sus secretos. Tiene conexión con los animales y

Ilustración 42. Brujachamana/sacerdotisa.

lugares, así como con el Tótem de la tribu.

Se mueve a través de las diferentes **dimensiones**, es decir, los 3 mundos: el inframundo, el mundo terrenal y el cielo o mundo de los dioses. Aquí incluimos el contacto con los espíritus que corresponden a tales dimensiones.

Contacta con los espíritus y la energía de la Tierra mediante el tambor y otros instrumentos sagrados.

Normalmente es **guía** de su clan, da clases o guía en rituales.

Entre el mundo animal, su más fiel aliado mágico es el gato ya que anda entre los mundos todo el tiempo y es un excelente guardián que trasciende dimensiones.

El **chamanismo** se refiere a una clase de creencias y prácticas tradicionales similares al animismo que aseguran la capacidad de diagnosticar y de curar el sufrimiento del ser humano, y en algunas sociedades, la capacidad de causarlo. Los chamanes lo logran contactando con el mundo de los espíritus y formando una relación especial con ellos. Tienen la capacidad de controlar el tiempo, profetizar, interpretar los sueños, usar la proyección astral y viajar a los mundos superior e inferior. Las tradiciones de chamanismo han existido en todo el mundo desde épocas prehistóricas.

Algunos especialistas en antropología definen al chamán como un intermediario entre el mundo natural y espiritual, que viaja entre los mundos en un estado de trance. Una vez en el mundo de los espíritus, se comunica con ellos para conseguir ayuda en la curación, la caza o el control del tiempo. Michael Ripinsky-Naxon describe a los chamanes como «personas que tienen fuerte ascendencia en su ambiente circundante y en la sociedad de la que forman parte».

Un segundo grupo de antropólogos discuten el término chamanismo, señalando que es una palabra para una institución cultural específica que, al incluir a cualquier sanador de cualquier sociedad tradicional, produce una uniformidad falsa entre estas culturas y crea la idea equívoca de la existencia de una religión anterior a todas los demás. Otros les acusan de ser incapaces de reconocer las concordancias entre las diversas sociedades tradicionales.

El chamanismo se basa en la premisa de que el mundo visible está impregnado por fuerzas y espíritus invisibles de dimensiones paralelas que coexisten simultáneamente con la nuestra, que afectan todas a las manifestaciones de la vida. En contraste con el animismo, en el que todos y cada uno de los miembros de la sociedad implicada lo practica, el chamanismo requiere conocimientos o capacidades especializados. Se podría decir que los chamanes son los expertos empleados por los animistas o las comunidades animistas. Sin embargo, los chamanes no se organizan en asociaciones rituales o espirituales, como hacen los sacerdotes.

Por tanto, cuentan con otras facultades como el **Espiritismo**, la diferencia es que en este caso hay un impacto social y mucha integración con su comunidad y entorno. Es la parte social de la brujería, ya que normalmente la Sacerdotisa guía o enseña a otros en el camino.

En esta parte tenemos que la Sacerdotisa al convertirse en Suma Sacerdotisa, ha desarrollado todos los dones de la bruja.

Al comprender los mensajes de los otros mundos, **interpreta los sueños** y las señales. Va de la mano con la SABIA.

Se convierte en un ícono de su sociedad, es reconocida por sus poderes mágicos y de ayuda.

También está muy conectada con la Tierra, la naturaleza y sus seres.

En esta parte también, al tener que de alguna manera recuperar a las almas, la facultad de ser "Guerrera de la Luz" la caracteriza, es decir, lucha contra las fuerzas del mal, haciendo limpias energéticas, desposesiones y retirando la brujería; logrando recuperar el alma del paciente a un 100%.

El ACEITE ESENCIAL para la BRUJA SACERDOTISA es la **ALBAHACA.**

RECOMENDACIONES: Practicar algún camino espiritual y comenzar a enseñar y guiar a otros.

PREGUNTA ¿Te gusta tocar los tambores para conectarte contigo misma y la Tierra? ¿Das clases de algo o guías rituales?

SEÑALES DE QUE ERES BRUJA MAGA: Cruz secreta, cruz psíquica, líneas de viaje astral en monte de la Luna, línea de Isis, anillo de Salomón, línea de la cabeza hacia Luna, monte de Júpiter (índice) prominente, anillo de Venus, lunar cerca de las costillas, lunar en piernas y pies, lunar en la punta de los pies, lunar en el hombro, lunar en forma de rombo.

15. Bruja Sabia

Ilustración 43. Bruja sabia.

Conoce los secretos de la vida, la muerte, y más allá de la muerte, del renacimiento y las estrellas, del origen y la energía. Tiene experiencia, mientras más vieja, más sabe. Es culta y siempre lee y estudia o siempre busca respuestas para llegar a las profundas verdades.

A lo largo de la historia se conocen brujas y magos que han ayudado a naciones, que han sanado, que han dirigido el camino de miles de personas. No ha faltado aquel mago que ha asesorado a reyes, mandatarios y militares, siempre con sigilo y discreción. Son conocid@s como grandes libertador@s, en ocasiones tras bambalinas, ya que tienen un claro concepto sobre la evolución, la libertad, la equidad y lo correcto, incluso han llegado a liberar pueblos, son la sabiduría detrás de la corona o el mando. También han ayudado a mujeres y hombres a creer en ellos mismos y en su magia.

La Bruja sabia ha conectado con el supraconsciente y conoce todas las respuestas, sería una combinación entre la teología y la filosofía más el componente espiritual. También ha desarrollado la claricogniscencia.

Conoce todas las respuestas y además genera conocimiento. Estudia mucho de filosofía y diferentes saberes. Siempre lee y sigue aprendiendo.

La sabiduría se la ha dado la experiencia y la práctica de las principales virtudes: JUSTICIA, TEMPLANZA, FORTALEZA Y SABIDURÍA.

Tiene un don natural para interpretar los Símbolos ocultos y sabe descifrarlos. Está conectada con "La Voz".

El ACEITE ESENCIAL para la BRUJA SABIA es el **CEDRO.**

RECOMENDACIONES: Siempre aprender, desarrollar sus virtudes, estudiar Filosofía.

PREGUNTA ¿Cuánto lees? ¿Has estudiado Filosofía? ¿Te gusta mucho estudiar? ¿Te interesa conocer sobre las grandes verdades del Universo?

SEÑALES DE QUE ERES BRUJA SABIA: Cruz psíquica en monte de Saturno, cruz psíquica en Monte Mercurio (meñique), actividad en monte de Venus, mano filósofa, líneas hacia el Monte de Mercurio, espiral en dedo índice.

8.7. Consideraciones sobre los tipos y facultades de las brujas

Puedes ser varias de ellas, aquí sólo las pusimos en orden de complejidad e incluso podríamos decir que de aceptación ante la sociedad, también estaría involucrado el tiempo, ya que para llegar al nivel avanzado, serían necesarios mínimo 15 años de experiencia y práctica. ¿Te identificaste con algunas de ellas?

SAMAK

CAPÍTULO 9

¿CÓMO SABER SI SOY BRUJ@?

9.1. Se hace o se nace

Cuando vienen a mis clases o platicamos, varias personas me dicen que les interesa mucho el tema, pero no saben si están facultadas, que las han llamado brujas pero no saben si lo son. Todos nosotros como seres humanos tenemos cualidades extrasensoriales, tenemos dones, algunos son más mágicos que otros, pero todos podemos desarrollarlos.

Algunos ya nacen con algunos dones desarrollados, esto es debido a que en vidas anteriores ya fueron trabajados, otros debido a su linaje (genética) retoman poderes, incluso algunas veces la energía de algún ancestro que se dedicó a esto recae sobre uno. A veces sucede algún acontecimiento importante en la vida de la persona, que detona el despertar de la consciencia y los dones.

Otro punto que hace que se desarrollen los dones es la evolución espiritual, mientras más evolución y consciencia, más se abren las puertas de lo desconocido y de percepciones de nuestros otros sentidos.

Cuando uno entra al camino de la Vieja tradición, los dones se van desarrollando y se abre su mundo para la bruja, con el fin de ofrecer servicio a la humanidad. Como hemos señalado, Aradia hablaba de ciertos dones en específico, yo complemento sus enseñanzas.

También hemos hablado de las diferentes facultades y tipos de brujas. Con algunas nacemos ya, pero también se pueden desarrollar a través del estudio y la práctica.

Buckland señala que no es necesario que nazcas siendo brujo, puedes iniciarte en un coven y ahí aprender sobre el Antiguo Arte. En algunos covens se te ayuda a desarrollar tus dones, como en el coven Alquimist.

9.2. Cuestionario para saber si eres Bruj@

Te voy a ayudar a través de los siguientes puntos a identificar si eres un@ de ell@s. Ve anotando los "sí" y los "no":

1. Has sentido que eres una bruj@.

2. Te han llamado índig@, alma vieja, muy sabia@, cristal, arcoíris o diamante.

3. Te interesan los temas de sanación, magia, lo oculto, misterioso, energía, oráculos y has estudiado o leído sobre ellos.

4. Sabes o tienes algún oráculo como Tarot, cartas españolas, runas, cartas, etc.

5. Cuando escuchas sobre las brujas sientes fascinación o te despierta alguna emoción. Cuando escuchas sobre la Santa Inquisición o sobre alguna religión patriarcal te da un poco de coraje o impotencia.

6. Ves números, nombres o cosas que se repiten en tu vida como 11:11, 2:22, sabes ver las señales en el entorno y te gusta estudiar sobre símbolos.

7. Crees que existe la magia y la brujería.

8. Crees en el más allá y la reencarnación o tal vez has tenido algún recuerdo de vidas pasadas o hay épocas antiguas que te fascinan.

9. Sientes que hay algo más que esta simple vida. Sientes que hay un significado superior.

10. Te encanta ir al bosque, a la playa, a la montaña, es tu sueño vivir en un lugar alejado entre la naturaleza o por lo menos una temporada. Te regeneras estando ahí.

11. Hablas con los animales y plantas. Abrazas árboles y les tienes mucho respeto.

12. Sabes algún remedio con plantas, piedras, árboles o aceites esenciales.

13. Sientes una especial atracción por las piedras y cristales, las guardas, las compras, sabes de sus propiedades, las recoges en el camino.

14. Te encantan las velas y los inciensos, y bajo cualquier pretexto los enciendes.

15. Has visto algún programa o película que tenga que ver con brujas y te fascina.

16. Has soñado algo que va a pasar o puedes dominar tus sueños.

17. Tienes presentimientos o visiones del futuro. Has dicho que algo puede pasar y sucede.

18. Te fascina la Luna y mirar al cielo y las estrellas o te sientes afectad@ por las fases de la luna y floreces en la Luna llena.

19. Sabes que hay fechas importantes como equinoccios, solsticios, cosechas, lunas llenas, lunas nuevas y cierres de ciclos, y buscas qué poder hacer en estas ocasiones para estar mejor o lograr algún objetivo.

20. Escuchas voces que nadie más oye, has visto sombras o fantasmas.

21. Entras a lugares y sabes o presientes qué pasó ahí. Sientes las energías.

22. Sabes cómo se sienten las personas sin que te hayan comentado cómo están, tienes mucha empatía.

23. Sientes escalofríos, o dolores que no son tuyos, eres muy sensible.

24. Hay personas que no te "laten" o "sí te laten" por su simple energía.

25. Te han dicho que tienes una mirada profunda y tus ojos son brillantes, como de bruj@.

26. Sabes lo que los demás piensan.

27. No te dejas, dices lo que piensas y luchas por los desvalidos o seres que no se pueden defender.

28. Te sientes especial, te sientes diferente a los demás, siempre te has sentido un poco extrañ@, no cabes en la norma.

29. No soportas a las mujeres sumisas o a los hombres machos.

30. Vives libremente tu sexualidad.

31. Tienes gran capacidad creativa, artística y de imaginación. Por lo que tienes alguna habilidad para cocinar, hacer manualidades, o desarrollar algún arte como la actuación, el canto o la danza.

32. Te gusta ayudar a otros, y aprendes más para ayudarlos. Regularmente los demás acuden a ti para pedirte consejo.

33. Amas a los animales y estos se acercan a ti, como gatos, perros, aves, caballos, búhos, y tienes un gato, que es tu animal preferido.

34. Has sentido que tus deseos se hacen realidad.

35. Sabes ciertas cosas y das respuestas, verdades muy antiguas incluso sin haber estudiado sobre ellas.

36. No te gustan las multitudes, prefieres un lugar apartado, si es en la naturaleza mejor.

37. Te fascina la Astrología, sabes cuál es tu signo, tal vez sepas cuál es tu Ascendente y tratas de estar al tanto de los eventos astrológicos.

38. Has hecho algún hechizo por ti mism@ como encender una vela pidiendo algo o has asistido a rituales mágicos o ceremonias.

39. Crees en una energía que todo lo rige, en Gran Universo, la Gran Mente, el Gran Espíritu, la Diosa y te sientes unid@ a ella.

40. Sabes que puedes cambiar las cosas, que hay un poder superior que reside en ti y trabajas para perfeccionar cada día tu ser y el arte de la transformación.

Si has contestado que sí a por lo menos 30 de estas preguntas, ¡feliz reencuentro, Bruj@!

ASTROLOGÍA

Algo que también te puede ayudar a saber si eres bruj@ son ciertas configuraciones astrológicas como mucha **AGUA** en tu carta y Plutón y Lilith.

NUMEROLOGÍA

En numerología si tienes los números 2, 6 y 8, también puede indicarlo.

QUIROMANCIA

Hay líneas en la palma de tu mano que indican cuando eres bruja y qué tipo de bruja puedes ser.

9.3. Las marcas de la bruja en Quiromancia

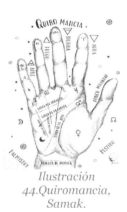

Ilustración 44.Quiromancia, Samak.

La quiromancia que es el arte de predecir y conocer las características de la persona mediante las líneas de la mano. Es una fuente de información valiosa, nos habla de algunas señales de la bruja en la mano.

Nos da una visión para nuestro cuerpo físico y nuestro cuerpo eterno.

Además, hay señales que nos muestran dónde somos buenos. Tanto nuestros talentos como inclinaciones "tallan" curiosos signos de palmeras.

Te voy a dar una lista de signos que indican que eres bruj@, y que traes seguramente facultades psíquicas de vidas pasadas.

Con alguno que tengas es suficiente, no necesitas tenerlos todos. Estas señales son en general llamadas marcas de la bruja.

Mano Psíquica

Es una mano elemento agua, es la palma alargada y los dedos también, si tienes este tipo de mano, quieres decir que tienes grandes facultades psíquicas. El elemento agua siempre se ha relacionado con la magia y el psiquismo. Estaríamos hablando de una **BRUJA PSÍQUICA**.

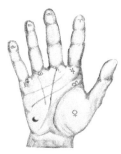

Ilustración 45.Mano psíquica, Samak.

La Cruz Secreta

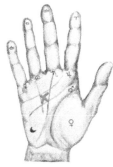

Ilustración 46. Cruz secreta, Samak.

También conocida como la Cruz Mística; es tal vez uno de los más poderosos signos mágicos de la palma. Este es un signo en forma de cruz o una ´X´, que se encuentra entre la línea del corazón y la línea de la cabeza. Esto significa que eres muy espiritual. Eres una **BRUJA CHAMANA,** es decir, estás conectada con la magia y la puedes desarrollar fácilmente en esta vida. También eres una **BRUJA MÍSTICA**.

La Cruz Psíquica

Es una importante señal mágica que se encuentra en la raíz de cada dedo. Consideremos que cada dedo representa una entidad planetaria diferente. Por lo tanto, cuando se encuentra una Cruz Psíquica en el

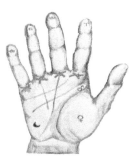

Ilustración 47. Cruz psíquica, Samak.

155

monte de casa dedo, debemos corresponder el dedo con el planeta apropiado y ver que significa.

Si se encuentra una Cruz Psíquica en:

1. **Dedo Índice.** Este es el dedo de Júpiter. Por lo tanto, la Cruz Psíquica en este dedo significa que la buena suerte de Júpiter está a tu lado. Surgirán las oportunidades mágicas que te ayudarán a alcanzar el éxito. También significa que tienes una capacidad extraordinaria para la sabiduría mágica de vidas pasadas. Puedes llegar a ser muy poderoso ya que tienes la habilidad de absorber conocimiento poderoso. Los maestros sabios se sienten atraídos por ti. Más adelante en tu vida estás destinado a convertirte en un maestro mágico. Es la señal de la **BRUJA SACERDOTISA** y **BRUJA SABIA**, puedes conectarte con espíritus elevados.

2. **Dedo Medio.** Este es el dedo de Saturno. Por lo tanto, si se encuentra allí una Cruz Psíquica, Saturno, el planeta de las brujas, te bendice. Vienes de un linaje de brujas y tienes gran capacidad de aprender. Además, has sido bendecido por un maestro duro y estricto, pero aprendes magia a través de tus experiencias. Descubrirás que tienes facultades mágicas muy grandes, así como grandes poderes mágicos que surgirán una vez que dediques tiempo a tu evolución. Eres **BRUJA MAGA** y **BRUJA SABIA**.

3. **Dedo Anular.** Este es el dedo del Sol. Por lo tanto, si ves una cruz allí, eres bendecido por el Sol y Apolo, el Dios de la magia y la profecía. Tienes el poder de atraer lo que necesitas en tu vida. Eres una encantadora / hechicera. Esto significa que tu vida amorosa puede convertirse en una inspiración en tus actividades mágicas. Cuando eres sexualmente activo encuentras la iluminación, a través del placer. **BRUJA ADIVINADORA o BRUJA HECHICERA,** ya que hechizas con tu sola presencia, generas mucha luz y puedes tener el don de la profecía.

4. **Dedo Meñique.** Este es el dedo de Mercurio, el planeta asociado con todas las obras mágicas y la adivinación. Desde temprana edad,

has conocido el mundo mágico. Por lo tanto, si eres bendecido con este signo, naces para amar la magia y ser bueno en eso. Significa, que Mercurio: Hermes, el Dios sabio, ha bendecido tu nacimiento y te ha convertido en un poderoso mago / bruja. Usa tu cerebro y tu corazón para desarrollar tus habilidades mágicas. Tienes gran capacidad de conocimiento abstracto, te atrae el ocultismo y los misterios arcanos, y tienes la capacidad de conjurar. Eres una **BRUJA OCULTISTA** y **BRUJA SABIA.**

El Triángulo Psíquico

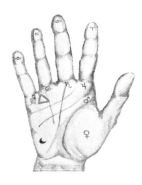

Ilustración 48. El triángulo psíquico.

Una pirámide, como un signo en forma de triángulo en el dedo anular, es llamada el Triángulo Psíquico. Mira más de cerca, este signo puede no ser tan obvio. Esto significa que, por alguna razón, se han bloqueado tus poderes mágicos de manera intencional o no.

Algunas veces, nuestro ser superior, bloquea nuestros poderes mágicos cuando hemos cometido "crímenes mágicos" en nuestras vidas pasadas, o porque hemos usamos nuestra magia para propósitos oscuros. Este es un mecanismo de defensa para que no hagamos más daño, ni a nosotros ni a los demás.

Cada vez que lanzamos un hechizo "oscuro" para herir a alguien y/o intervenir en el libre albedrío, creamos karma: "Todo lo que hagas o digas se te regresará 3 veces 3". El Triángulo Psíquico, más parecido a una prisión psíquica, es donde nuestra magia es encarcelada. Este signo se puede presentar también en algún otro lugar de la palma e indica que estás siendo observado para no cometer fechorías nuevamente. También puede significar que alguien más ha limitado nuestros poderes. Esto probablemente significa que hemos creado algunos enemigos en nuestras vidas pasadas.

La clave para desbloquear nuestros poderes es el amor y la aceptación de nosotros mismos y de los demás. Una vez más, podemos volvernos piadosos cuando perdonamos a los demás y a nosotros mismos. Una buena limpia energética y un ritual para despertar nuestros dones ayudarán,

El triángulo también es indicio de protección y de tener el tercer ojo abierto, este normalmente aparece entre la línea del corazón y la cabeza, pero podría parecer en algún otro lado. Son facultades que se despertarán una vez que vayamos por el buen camino y actuemos con amor. Indica que eres **BRUJA MAGA** o **BRUJA HECHICERA.**

Cruz de San Andrés

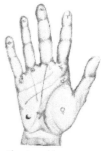

Es una cruz que se encuentra en el Monte de Neptuno.

Los demás lo buscan por consejo, gran trabajo interior y aspiran a la conciencia cósmica.

Si tienes esta marca eres **BRUJA MÍSTICA.**

Ilustración 49. Cruz de San Andrés.

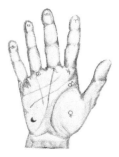

Ilustración 50. La marca del sanador.

La Marca del Sanador

Cuatro o más líneas paralelas en la parte inferior del dedo meñique indican que eres un sanador poderoso. Significa que tienes la gran capacidad de tocar los corazones de las personas y encontrar formas de curar sus cicatrices, tanto emocionales como físicas.

Hoy en día estas personas son médicos, psicólogos, y entrenadores de vida. Han elegido el camino de la curación para ayudar a otros ya sea por profesión o por pasatiempo. Podríamos decir que estas marcas en nuestras manos son como las medallas de Mercurio: Hermes, Dios de la comunicación y la curación. 4-5 líneas indican un sanador poderoso, 6-7 líneas indican a alguien que está destinado a convertirse en un sanador, 8 y más muestran a alguien que ha dominado vidas anteriores, y este probablemente, el arte de la curación. Cuantas más líneas, más dones.

Por supuesto, para dominar el arte de la curación, se requiere práctica y ser un buen oyente. Al igual que los curanderos sabios del oro, debes dominar el arte de la conexión a tierra y el centrado. Indica que eres una **BRUJA SANADORA.**

Líneas de Viaje Astral

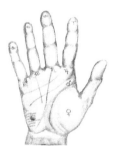

En el monte de la Luna, estos signos de la palma indican una habilidad natural para trascender el tiempo y el espacio. ¡Viajas al plano astral más de lo que sabes!

Eres una persona que nació para viajar tanto en el plano físico como en el astral. El que nace con las líneas de *Astral Trave*l tiene una habilidad natural para convertirse en un gran mago /bruja como él / ella puede proyectarse en el plano astral.

Ilustración 51. Líneas de viaje astral.

Los chamanes, brujas y magos viajan en el plano astral para obtener más información. Desde el plano astral pueden sanar, pueden lanzar hechizos y charlar con hadas y otras entidades. Eres un mago / bruja astral. De acuerdo con lo que hemos visto, eres **BRUJA CHAMÁNICA** que viajas entre los mundos.

Cuadrado de protección

Tener un cuadrado en la mano indica que tienes protección en el ámbito en el que se encuentre, ya sea en la vida, en al amor o en tus pensamientos.

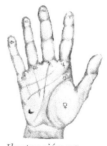

*Ilustración 52.
Cuadro de
protección.*

Línea de Isis

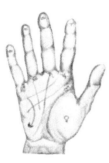

*Ilustración 53.
Línea de Isis.*

Vida solitaria, de búsqueda interior. También se llama la línea de la intuición. Indica que eres una **BRUJA SACERDOTISA** y **BRUJA** en general.

Anillo de Salomón: Es un anillo en la case del dedo de Júpiter, es decir, en el Monte de Júpiter. Quiere decir que tienes mucha espiritualidad, signo de ser brujo, tener mucha magia. Es sabiduría y excelencia. Eres una **GRAN SACERDOTISA**.

Estrella: Una estrella en la palma indica que tienes facultades extrasensoriales, eres **BRUJA PSÍQUICA.**

Monte de la Luna: Un Monte de la Luna pronunciado indica cualidades psíquicas desarrolladas, pueden ser revelados mensajes en sueños, percibir a los fantasmas. **BRUJA PSÍQUICA.**

Línea de la cabeza hacia el Monte de la Luna: Es una mentalidad muy creativa y conectada con los otros mundos. **BRUJA SACERDOTISA.**

Monte de Neptuno: Este monte tiene que ver con la unión mística, cuando hay alguna cruz ahí, indica fuerte conexión, pero cuidado con arrojarse a alejarse de este mundo mediante vicios.

También puede dar a grandes médicos o sanadores. Sería la **BRUJA MÍSTICA** o **BRUJA SANADORA.**

Cuando hay un triángulo indica que eres una persona con dedicación a la vida espiritual, eres **BRUJA MÍSTICA**.

Monte Venus: Mucha actividad en este cuadrante que está en la base del dedo pulgar, nos habla de mucha experiencia en vidas pasadas, es decir, eres un alma vieja y sabia. **BRUJA SABIA**.

Mano Filósofa: Es muy parecida a la mano psíquica, pero tiene los nudillos muy pronunciados, indica gran actividad mental. Serías la **BRUJA SABIA**.

Líneas de Marte marcadas: Son líneas paralelas a la línea de la vida que están situadas en el Monte de Venus. Nos habla de la presencia de espíritus guardianes, cuando se necesita de muchos es porque se tiene una misión importante, de guiar o sanar a otros, mientras más líneas haya más se trabaja con la parte espiritual y nos defienden, son las líneas paralelas a la de la vida que van hacia el monte de Venus. **BRUJA SANADORA** o **BRUJA MAGA**.

Punta de dedos redondeada: Tomando en cuenta que se encuentran en la falange más alta, que habla del mundo abstracto, nos habla de una conexión mayor y más sutil con el mundo espiritual y más débil con el mundo material. **BRUJA MÍSTICA.**

Las marcas de la bruja en el cuerpo: además de las marcas en las manos a través de las líneas, hay otra forma de identificar si uno fue bruja (o) y qué tipo de bruja (o) fue; y esto es con los lunares o marcas de nacimiento. Dependiendo de la parte del cuerpo en las que estén.

9. 4. Los lunares y las brujas

La marca de la bruja

Ilustración 54. Las marcas de la bruja.

En la época de la caza de brujas entre los siglos XIV y XVII, los inquisidores buscaban lunares en las mujeres para determinar si practicaban brujería. Decían que eran una prueba de que hacían pacto con el demonio y entonces, las sentenciaban a una muerte rápida.

Se le llamaba la "marca de la bruja". A veces mediante tortura el verdugo hacía que aparecieran o ya las traían de nacimiento, estas podían ser pecas, lunares, manchas o verrugas en la piel. Se decía que el demonio les había dejado esa marca donde eran insensibles al dolor y de donde no manaría sangre; sin embargo, es lógico que esto sucediera cuando se pinchaba este lugar.

Algo hay de verdad en esto, pero nada tiene que ver con pacto con el demonio, ni creemos en él. Los lunares en algunas partes de tu cuerpo hablan de que tienes ciertas facultades mágicas, se dice que vienes de un linaje de brujas.

A veces es fácil confundir estas marcas; sin embargo, es muy importante verificar que sea un lunar de nacimiento.

Cabe señalar que se dice que cuando son más grandes es una cicatriz del alma, es decir, que posiblemente tú o alguno de tus antepasados fue herido en esa área.

El tipo de bruj@ que eres de acuerdo con el lugar de tus lunares

La razón es debido a que en vidas pasadas lo fuiste y ya traes esas cualidades o bien, puedes desarrollarlas en esta vida.

CARA: Indica que eres una bruja espiritista, es decir, que puedes ver a los espíritus y éstos se comunican contigo.

OJO: Eres bruja adivinadora o psíquica. Indica que tienes una gran sabiduría y ves más allá de lo evidente. Se te da muy fácil trabajar con los oráculos. Los espíritus te susurran las respuestas o te mandan imágenes. Aquí se incluye un lunar en el párpado o en la comisura del ojo.

OREJA: Tener un lunar en la oreja indica que tienes la clariaudiencia, es decir, eres una bruja psíquica con una gran capacidad para detectar los positivo o negativo, además escuchas sonidos de diferentes frecuencias a las que oyen el común de las personas, oyes las voces de los espíritus.

BOCA: Un lunar en la boca o cerca de la boca, así como la nariz te da el poder de se Witcha o bruja hechicera, es decir, el poder de conjurar y trabajar con la hechicería. Lo que dices se hace realidad y los espíritus te escuchan y te ayudan a lograr tus objetivos mágicos.

También pude ser que en vidas anteriores o en esta practiques Witchraft.

CUELLO: Eres bruja psíquica, es decir, sientes mucho más que las otras personas, eres empática y tienes los sentidos paranormales exaltados. Sientes las energías y los espíritus a través de tu piel, por ello el sentido psíquico más exaltado que tienes es la clarisentencia.

PECHO: Eres espiritista, es decir, tienes gran capacidad de médium, los espíritus se comunican contigo, seguro desde pequeña veías algunos seres que no existían físicamente o sentías su presencia. También se te pueden presentar en sueños o los puedes sentir con tu piel (clarisentencia).

CERCA DE LAS COSTILLAS: Eres bruja sacerdotisa, es decir, tienes una alta espiritualidad, naciste para ser una bruja mayor que puede ayudar a otros y guiarlos por el camino de la magia. Estás conectada con los otros mundos.

ESPALDA: Eres una bruja maga con grandes facultades de defensa psíquica, es decir, puedes detectar entidades y malas energías y trabajar con ellas, ayudando a las personas a retirarlas. Se te da la energía de la llama azul y roja porque puedes pelear contra demonios y entidades de caos. Si lo que tienes es una verruga, ojo, esa es una atadura con alguna entidad oscura del pasado que te seguirá molestando en esta, así que tienes que aprender a alejarla o retirarla de tu camino.

BRAZOS: Eres bruja hechicera, es decir, se te da el manejo de las energías y herramientas para lograr tus objetivos, por ejemplo: velas, plantas, cristales, conjuros.

MANO: Eres bruja sanadora, te encantan los métodos alternativos de sanación y siempre estás dispuesta a ayudar y sanar a los demás a través de tus manos, las cuales tienes cargadas de un gran poder de regeneración. Puedes hacer reiki o manejo de energía, así como masajes, o en general cualquier técnica de curación física.

CADERA: Si tienes algún lunar en la cadera eres una bruja mística, es decir, estás muy conectada con la gran fuerza divina, quieres lograr la iluminación o divinización y te gusta meditar y eres muy devota a tus dioses y a tu camino espiritual.

NALGAS: Eres bruja adivinadora, se te dan los oráculos y las mancias. Muchas veces va ligado con la videncia.

PIERNAS Y PIES: Eres una bruja chamánica, es decir, puedes transportarte a otros planos o mundos, haces viajes astrales e incluso podrías tener sueños lúcidos.

Algunas otras características

TRES LUNARES EN FORMA DE TRIÁNGULO: Esto quiere decir que eres una bruja muy intuitiva, puedes ser una bruja psíquica, además las personas te siguen y buscan tu consejo.

PECAS: Son señal de experiencia.

COMISURAS: Dependiendo de en qué comisura tengas el lunar, indicará que tuviste esta facultad, pero te viste en la necesidad de ocultarla en vidas pasadas y ahora te cuesta un poco de trabajo sacarla a la luz.

Recuerda que puedes saber también qué tipo de bruj@ eres de acuerdo con las líneas de tu mano y a ciertas preguntas. Esta información la puedes consultar en mi libro "Soy Bruja" y en mi curso de "Desarrollo de los dones de la bruja".

Cabe señalar que cuando de pronto una marca de estas o tumor, ambos muy notables aparecen, sí es posible que alguna entidad utilice este como una atadura al cuerpo y alma de la persona, por lo que es necesario quitarlo, pintarle una marca de salida o poner un tatuaje.

Si quieres saber más sobre los lunares, consulta mi libro "Guía mágica de lunares" (próximamente).

9.5. Pasos para convertirte en bruj@

¿Se nace así? Ser una bruja(o) es una forma de vivir y percibir el mundo. Convertirse en brujo es un proceso de desarrollo que involucra la mente, el cuerpo y el alma. Para lograr llegar a ser una bruja consumada, es necesaria mucha determinación, seguir los pasos con fe y dedicación a tu autoconocimiento, crecimiento y conectarte por completo con tu verdadera esencia y las fuerzas divinas.

A continuación, te desgloso los pasos para convertirte en bruj@ de acuerdo con las facultades que necesitas desarrollar.

1. Conocimiento: Sanación, cristales, plantas, tarot, runas, café, hechizos. 2. Identificar y desarrollar tus dones psíquicos.

3. Conocer y practicar sobre las creencias, sistema y practica. Witcha: Estudiar Witchcraft y practicar los sabats y esbats.

4. Conexión con la naturaleza. Filosofía de la naturaleza. Naturalista.

5. Medita y se conecta con la divinidad en todo. Mística

6. Se conecta con el cosmos y descifra las estrellas, ocupa las energías zodiacales a su favor. Astrología

7. Conoce sobre los espíritus y los contacta.

8. Formación continua. Leer, estudiar diversos cursos. Para comenzar a entrar en la fase avanzada con el fin de lograr la fase de Sabia.

9. Trabajo energético: más meditación, control de energías, defensa.

10. Trabajo profundo de autoconocimiento y transformación: Terapia, transformación, vidas pasadas.

11. Trabajo iniciático: despertar espiritual: ocultista y alquimista.

12. Comparte con otros, se convierte en guía y maestra. Está muy conectada con la naturaleza y la supra conciencia.

13. Después de pasar por las etapas de desarrollo tiene un completo despertar espiritual, está conectada y logra la sabiduría en la fase de la Anciana.

Ser bruja es ser sabia, quitémonos esa idea falsa que tenemos en general de las brujas, producto de la superstición y la ignorancia, claro, hay que considerar que hay de todo, pero la mala imagen no es lo que debería predominar.

Lo más importante en la vida de la bruja es seguir tu esencia.

Cuántas personas no se dedican a lo que quieren y prefieren trabajar en lo que les dejará dinero, aunque no les apasione. ¡Es lamentable, tanto talento desperdiciado!

Lo primero es conocer cuáles son tus fortalezas, tus habilidades, después qué puedes aportar al mundo y te apasiona, y finalmente encontrar un enunciado que exprese el sentido de tu vida y tu misión. Te ayudo si no tienes idea. Esto irremediablemente te hace LIBRE y FELIZ.

Las brujas hacemos lo que nos gusta, con sabiduría y verdadera entrega, con pasión y sin importarnos las reglas absurdas ni lo que digan los demás. Aunque nos llamen charlatanas y supersticiosas.

Pareciera que este mundo no está hecho para brujas, artistas, gente libre y sabia, aunque de pronto vienen olas de conciencia y son reconocidos en su entereza.

Este mundo está hecho para producir, en tanto produzcas eres útil y valorado.

Estamos en la era del cansancio y la autoexigencia, según Byung-Chul Han, exacerbados de la información superficial y de un aparente distanciamiento. Estamos siendo vigilados, no sólo por espíritus, ahora por cámaras, somos juzgados y calificados todo el tiempo, nuestra vida es pública pero no hay muchos vínculos realmente estrechos y más ahora con la pandemia. Lo triste es que muchas veces nos comparamos para mal, cuando la esencia individual es única.

Vamos a crear juntos una comunidad de libres pensadores, inteligentes, informados, pero siempre responsables que valoran la magia, el arte, la cultura, la naturaleza y realmente nos preocupamos por los otros, buscamos hacernos crecer individualmente y en comunidad. Eso hace una BRUJA.

La bruja es Filosustentable, esto es, practica su propia religión, cuida del ambiente, lucha por la justicia y la libertad, vive de forma más natural y siempre busca cooperar y ayudar, es activista y busca su desarrollo espiritual.

No es una verdadera bruja a quien le da vergüenza decirlo, ni a quien le da miedo practicarlo, menos a quien no cree en su propio poder ni en los efectos de la magia porque así lo dicta la sociedad y sus reglas.

VÍVETE BRUJA

VÍVETE LIBRE

VÍVETE SABIA

CAPÍTULO 10

BRUJAS REALES MÁS CONOCIDAS

A continuación, presento una lista de las brujas más famosas en la historia. También estoy incluyendo a algunas ocultistas, termino con los paganos más influyentes en Estados Unidos de Norteamérica e Inglaterra y México. Cabe señalar que estas últimas listas fueron generadas en 2018.

10.1. Brujas famosas a través de la historia.

1. Alice Kyteler

Es posiblemente una de las brujas más antiguas de la que se tenga conocimiento. Nació el 31 de octubre de 1280 en Irlanda y murió en 1324 es su país natal. Aprovechándose de su gran belleza, manipulaba a los hombres para satisfacer todas sus necesidades. Mujer independiente, sofisticada y poderosa, muy adelantada a su época. La condenaron a muerte y antes de cumplir su

Ilustración 55.Alice Kyteler.

sentencia, se escapó a Inglaterra y no se supo más de ella.

2. Juana de Navarra

Juana de Navarra (Pamplona, 10 de julio de 1370 - Havering Bower, Essex, 9 de julio de 1437).

Nacida en España, esposa del rey Enrique IV.Participó activamente en la política de conciliación entre los nobles del ducado. Contribuyó a la emancipación de los duques de Bretaña, de manera simbólica, pero con una gran importancia política, organizando funerales reales a su difunto marido y une entrada gloriosa en Rennes a su hijo Juan, heredero de la corona ducal.

Ilustración 56. Juana de Navarra.

Su hijastro, Enrique V, la acusó de brujería. La enjuiciaron y el propio Rey y un fraile testificaron en su contra. Le quitaron todos sus bienes y la encerraron en el castillo de Leeds. Tiempo después fue perdonada.

3. Madre Shipton

Nacida en Inglaterra en 1488, adivina y clarividente. Su primera publicación de sus profecías fue 1684, ochenta años después de su muerte. Sus habilidades psíquicas se despertaron a temprana edad, acertó amuchas de sus predicciones. Su aspecto físico retrataba la imagen típica de una bruja: cuerpo desproporcionado, encorvado, con penetrantes ojos saltones y enorme nariz aguileña.

4. Dominica la Coja

Nacida en España, fue enjuiciada por pactar con el diablo y de muchos crímenes más entre los cuales se le imputaba matar niños con brebajes. Tras torturarla para hacerla confesar, la condenaron a la horca en 1535. Fue un escándalo social en esa época.

5. Elisabeth Sawyer

Los vecinos de su comunidad la acusaban de embrujar al ganado y a los niños porque no le compraban escobas.

Fue acusada de haber causado la muerte de Agnes Ratcleife mediante el uso de magia, después de que Ratcleife golpeara a una de las cerdas de Sawyer que se estaba comiendo su jabón.

Se dijo que un demonio, en la forma de un perro llamado Tom, apareció ante ella y la sedujo para que sirviera a Satanás. El diablo era a veces negro y a veces blanco, y la visitaba tres veces a la semana como un familiar.

"La Bruja de Edmonton", como también la conocían, confesó ser bruja, declaró que el diablo se le aparecía en forma de perro y que lo acariciaba cada vez que se le aparecía.

El tribunal reclutó a mujeres para que buscaran la marca de la bruja y afirmaron haberla encontrado cerca del ano de Sawyer. Evidentemente, esto tuvo un fuerte efecto en llevar al jurado a la condena. Fue declarada culpable y ejecutada por brujería en 1621.

6. Margaret Jones

Se convirtió en la primera ejecutada de la cacería de brujas en Massachussets en 1648.

Era médico y las medicinas que suministraba a sus pacientes eran muy avanzadas para su época; sin embargo, por desconfianza, no se tomaban lo que les recetaba. Por este motivo murieron muchas de sus pacientes, por esta causa fue acusada de bruja.

Ilustración 57.
Margaret Jones.

7. Las brujas de Salem

En un periodo de siete meses entre 1692 y 1693, en una aldea llamada Salem, hoy en día Massachussets, EE. UU., fueron arrestadas y acusadas 400 personas, a 19 de ellas se les declaró culpables, eran 14 mujeres y 5 hombres a quienes se les ejecutó en la horca.

Años después de estos hechos, los jurados suplicaron clemencia ya que reconocieron haber errado en esos juicios, lo que marcó esa época como una de las más intolerantes de la historia. Se encontró que la mayoría de las acusadas de brujería, consumían pan con centeno, lo que les producía epilepsia y vómito a manera de espuma en la boca. Hoy en día Salem es un pueblo muy mágico donde en realidad sí hay brujas y se recuerdan con consternación las injusticias cometidas en ese entonces.

8. Elly Kedward (La Bruja de Blair)

A finales del siglo XVII fue acusada de sacar la sangre a varios niños del pueblo en el que vivía. Por este motivo la expulsaron al bosque, donde suponen murió por el frío. Elly Kedward inspiró la película filmada en 1999, La Bruja de Blair.

Ilustración 58.
Elly Kedward
(La Bruja de
Blair).

9. Joan Wytte

Apodada el "hada de Bodmin" o el "hada luchadora del Bodmin", Joan nació en el año de 1775 en Bodmin, Inglaterra. La mujer se ganaba la vida como vidente y curandera, la consultaban para conocer el futuro y para sanaciones de todo tipo. Sin embargo, corría el rumor de que su carácter recio y descomunal fuerza eran obra de una posesión demoniaca.

Fue encarcelada por problemas vecinales, enfermó de pulmonía y murió a los 38 años de edad, en 1813. Después llevaron su ataúd a un museo para ser exhibido y se dice que su espíritu se apareció varias veces en ese lugar.

10. Marie Laveau II

Ilustración 59. Marie Laveau II.

Marie Catherine Laveau nació el 10 de septiembre de 1794 en Nueva Orleans, Estados Unidos. Y probablemente es una de las brujas más famosas. Cuando su esposo pierde la vida en 1820, Laveau empieza a trabajar como peluquera de las familias blancas. Sin embargo, la mujer de color no tenía demasiada simpatía por estas personas, pues frecuen-temente la maltrataban.

Porsi fuera poco, los blancos incicaron la presecusión de la "bruja peluquera".

Se dice que fue iniciada por su madre en el vudú. Era muy poderosa, se dice que mató a mucha gente y con solo maldecir a una persona, podía perjudicarla hasta su cuarta generación. Vendía amuletos diferentes tipos en cada uno de sus servicios.

11. Madame Blavatsky

Yekaterinoslav, 12 de agosto de 1831-Londres, 8 de mayo de 1891. Desde muy pequeña descubrió sus dones para la clarividencia, por este motivo la consultaban hasta los miembros de la Realeza y la policía ucraniana, de donde es oriunda. Fue una mujer incansable, hambrienta de conocimiento, lo que la llevó a viajar a varios países. En el siglo XIX fue co-fundadora de la *Sociedad Teosófica* de su país.

Ilustración 60.Madame Blavatsky.

12. Dorothy Clutterbuck

Ilustración 61. Dorothy Clutterbuck.

Se sabe muy poco de ella, sin embargo, existe una partida de nacimiento a finales del siglo XIX. Era de clase acomodada, bruja de la antigua escuela por lo que era de suprema importancia mantener en secreto sus facultades. Inicia a Gardner con un ritual lleno de misterio de donde se comienza a desarrollar el mundo wicca moderno. Fue miembro de *El Teatro Rosa Cruz* y participante de los rituales en *The New Forest*.

13. La Santa de Cabora

(Ocoroni, Sinaloa, México; 15 de octubre de 1873 - Clifton, Arizona, Estados Unidos; 11 de enero de 1906). Teresa Urrea, "La Santa de Cabora" fue personaje importante en la vida política de su tiempo en Chihuahua y Sonora a finales del siglo XIX. Fue una mística mexicana, muy famosa en su época por sus dones curativos y santidad. Hablaremos de ella más profundamente más adelante.

14. Pamela Colman Smith

Nació en Inglaterra en 1878, ilustró el tarot Rider-Waite-Smith, una de las primeras barajas en ilustrar las 78 cartas, con las arcanas menores y mayores del Tarot, y probablemente la más usada hoy en día. También ilustró algunos de los trabajos del poeta irlandés W. B. Yeats.

Se asoció al movimiento simbolista, fue miembro de la Orden Hermética del Alba Dorada y, después, de su vertiente conocida como *El Rito Independiente y Rectificado* (*Orden Sagrada del Alba Dorada*).

Ella afirmaba que tenía el don de la sinestesia y que pintaba inspirada por los colores de la música.

15. Sara Hellen

Nacida en Inglaterra, obsesionada por la brujería y la magia negra, era conocida por los peruanos como "La mujer vampiro". La asesinaron en 1893, pero antes de morir, juró regresar y vengarse de todos lo que le hicieron daño.

Su cuerpo fue enviado a un cementerio a las costas de Perú, donde hasta hoy permanece, por temor a que cumpliera su amenaza. La llamaban "Santa Sara Hellen".

Ilustración 62. Sara Hellen.

16. Maddalena Taltui

Nacida en Rocca San Casciano, Italia, fue iniciada y entrenada por su familia en la brujería italiana. Fue una bruja famosa del folclore de su país. Vivió a finales del siglo XIX.

17. Moina Mathers

Artista y ocultista francesa, Moina Mathers (1865-1928), conocida por su matrimonio con el ocultista inglés Samuel Liddell MacGregor Mathers, fundador de la *Orden Hermética del Alba Dorada* (que acogió a personajes como W. B. Yeats). Luego de quedarse viuda quedó a la cabeza de la Orden Rosacruciana de *Alpha et Omega*, con el lema: "No dejo nada tras de mí".

Ilustración 63. Moina Mathers.

18. Leila Waddell

Ilustración 64. Leila Waddell.

"La mujer Escarlata" como se refría a ella Aleister Crowley quien la inmortalizó en su *Libro de las mentiras* en 1912. Leila Waddell (1880-1932) fue una violinista sobresaliente que fue llamada con nombres no muy comunes como "La puta divina" o "La medre de los cielos". Co-autora con Croweley de "La puta divina" o "la madre de los cielos". Co-autora con Crowley, de quien se decía era su amante, lo ayudó a promover la orden mística *Astrum Argenteum*.

19. Dion Fortune

Ocultista y escritora. Violet Mary Firth Evans, mejor conocida como "Dion Fortune" (1890-1946), nació en Inglaterra. Exitosa escritora de lo sobrenatural y conceptos herméticos. Su seudónimo está inspirado en el lema de familia "Deo, non fortuna". Fundó la *Sociedad de la Luz Interna*, descrita como "una escuela de misterios dentro de la tradición esotérica occidental". Algunos de

Ilustración 65. Dion Fortune.

sus libros más importantes fueron The Sea Priestess y Moon Magic.

Desde pequeña creyó en sus habilidades psíquicas, lo que la llevó a integrarse a la *Sociedad Teosófica* de Blavatsky y tiempo después a *Alpha et Omega* de Mathers, donde desarrolló sus habilidades como medium.

20. María Sabina

Ilustración 66. María Sabina.

(Huautla de Jiménez, Oaxaca, 22 de julio de 1894, – 23 de noviembre de 1985) La bruja más famosa del misticismo mexicano, nació en Huautla, Oaxaca. Dio a conocer las propiedades sanadoras de los hongos alucinógenos. Su don era el acompañar a los viajeros

psicodé-licos para encontrar su yo interno, a través de cantos y letanías, se dice que podía descifrar el hipocampo del cerebro y esclarecer la mente de sus pacientes, veía el estado interno.

21. La Roja

Nació el 28 de octubre de 1898. Su nombre real fue Natalia Matta González, discípula de "La Santa de Cabora" quien le pasó todos sus conocimientos, entre ellos la lectura de café.

Figura importante en la Revolución Mexicana, tenía un gran poder y conocía diversas técnicas de sugestión.

Ayudó a liberar haciendas de los revolucionarios, hasta el mismo Pancho Villa le temía por una maldición que ella le injurió cuando la mandó matar después de poseerla. Le aseguró que moriría sentado, por tal motivo Pancho Villa nunca quiso permanecer sentado en la silla presidencial.

22. Doña Pachita

La curandera Bárbara Guerrero, mejor conocida como "Pachita", nació en 1900 en Parral, Chihuahua, y murió en la Ciudad de México un 29 de abril de 1979. Se la reconoce como la única "cirujana psíquica", por sus grandes dones para analizar la mente de las personas que acudían a ella y realizar "cirugías" inexplicables.

Era la chamana-nahuala con la capacidad de afectar el espacio, la energía y la materia con la mente para sanar enfermedades. Decía que la mente le daba la orden de mover o hacer cualquier cosa, por eso, los brujos, con el nivel de conciencia de ella, podían sanar porque le daban la orden a la mente para sanar con "milagrosas operaciones quirúrgicas".

En su libro *Las manifestaciones del ser,* relataba cómo los líderes aztecas realizaban este tipo de curaciones y había personas que fungían como médiums, es decir, instrumentos orgánicos para que seres espirituales pudieran encarnar en el mundo material y sanar a quien así lo pedía.

23. Dolores Ashcroft-Nowicki

Ilustración 67. Dolores Ashcroft-Nowicki.

Nacida en junio de 1929. Es una practicante esotérica, psíquica inglesa, autora ocultista, Dolores inició con Walter Ernest Butler, él mismo miembro de la *Fraternidad de la Luz Interior* de Dion Fortune (fundada en 1928), lo que convierte a Dolores en parte de un linaje mágico viviente dentro de la tradición del Misterio Occidental. Dolores sucedió a Ernest Butler como directora de estudios de los *Siervos de la Luz* (SOL) en 1976 y sirvió durante cuarenta y dos años.

Reconocida autora británica de diecisiete libros sobre el ocultismo, ha viajado incansablemente por el mundo desde la década de 1970, impartiendo seminarios, conferencias y talleres de práctica. En 2018, Dolores se retiró como directora de SOL y lanzó su *Video Club de Luz Solar*.

24. Brujas de la tradición Wicca

Hoy en día hay algunas mujeres brujas que son conocidas por sus covens y la difusión de la Vieja tradición como: Barbara Murray, Adriana Porter, Gemma Gary, Anna Forfreeadom, Zsuzsanna Budapest, Edain Mccoy.

En los dos siguientes apartados estamos incluyendo tanto a hombres como a mujeres.

25. Paganos más influyentes en México

En la revista *"The Wild Hunts"*, Jaime Girones escribió sobre los 15 paganos más influyentes en México. El criterio que estableció en la elección fue de brujos de quienes su trabajo de alguna manera ha influido en el paganismo en México. Por otra parte, esta lista está más enfocada en el ámbito de brujería y wicca:

Luis G. Abaddie, Samak Artemisa, Alejandro Estanislao, Verónica Hernández, Tarwe Hrossdottir, Kenston Luna, Elsa Marya, Driel Molmont, Isaac Mora, Martha Moran, Christian Ortiz, Cesar Ramsay, Mauricio Sanchez, Alejandro Reyes, Adonis Warlock.

26. Paganos más influyentes de habla inglesa

Terence P. Ward escribió sobre los 25 paganos más influyentes en *"The Wild Hunts"*.   Basándose en los siguientes criterios:

1. Han publicado libros que aportan al medio del paganismo.
2. Involucrados en la comunidad pagana: están en medios, hacen festivales, enseñan.
3. Sus decisiones impactan en el paganismo.
4. Legado: 50 años después se mantienen sus contribuciones.

John Bckett, Laurie Cabot, Phillip Carr-Gomm, T. Thorn Coyle, Viviane Crowley, Phyllis Curott, Damh the Bard, Ivo Domínguez Jr. Lilith Dorsey, Lon Milo Duquette, Janet Farrar & Gavin Bone, Selena Fox, Gemma Gary, Elysia Gallo, Devin Hunter, Ronald Hutton, Judika Illes, Aidan Kelly, Anne Newkirk Niven, Christopher Orapello & Tara-love Maguire, Christopher Penzcak, Silver Ravenwolf, Morpheus Ravenna, Maxine Sanders, Daniel Shulke, Starhawk, Wren Walker & Fritz Jung, Laura Tempest Zakroff, Oberon Zell, Orion Foxwood, Devin Hunter, Diana Paxson.

Otras brujas

Las siguientes son mujeres que fueron juzgadas y castigadas como brujas, estoy añadiendo las acusaciones, que la verdad me dan un poco de risa, considerando los métodos que usaban para hacerlas confesar, los inquisidores hacían preguntas muy elaboradas y maliciosas y obligaban a las brujas mediante medios tortuosos a decir lo que ellos deseaban. Las acusaciones también hacen muy evidente, como en el caso de Justina esposa de Marco Aurelio, el machismo predominante en la época.

Abadía, Juana: Nacida en La Villa de Sibourre, Gascuña, Joven hechicera, estaba un día durmiendo en casa de su padre mientras se celebraban los divinos oficios, un demonio aprovechándose de la distracción de su familia, la llevó dormida a una asamblea de brujas en cuya compañía se encontró, al despertar, con el diablo, quien era el líder, tenía en su cabeza dos caras, a semejanza del Dios Jano y después de hacer unas cosas muy inocentes la llevaron a su casa en el mismo carruaje que la había traído, al llegar a su casa se encontró en el lugar de la puerta un relicario que el diablo le quitó antes de llevársela. Ella misma confesó todos los hechos y no fue quemada porque renunció a la hechicería.

Belloc, Juana: La encarcelaron a los 24 años en el reinado de Enrique IV en el país de Labour. Quien la interrogó dice que "empezó a ir al Sabat en el invierno de 1609 y fue presentada al diablo cuyo trasero besó, pues sólo las más notables brujas podían besarle la cara, contó ella misma que el aquelarre es una especie de baile de máscaras en el cual, unos se pasean desnudos, mientras que otros se transforman en perros, gatos, puercos u otras bestias".

Berandea: En Maubec, fue quemada en 1577, cerca de Lomaignie. Se cuenta que cuando iba camino a su suplicio, acusó a una señora de entre la multitud de haber asistido con ella a la asamblea de brujas, esta lo negó pero Berandrea le dijo: "No sabes que la última vez que danzamos juntas en la cruz del pastel, tú llevabas el pote del veneno" la señora quedó sin palabras, sin saber qué responder y convencida de lo que ella decía era verdad.

Biscar, Juana: Del país de Labour, Se dice que el diablo se la llevaba al Sabat en forma de macho cabrío y en agradecimiento, la Bruja coja, hacía una cabriola con los pies en el aire y la ponía cabeza hacia abajo.

Chaudrón, Magdalena Míguela: Nacida en Ginebra, fue acusada en 1652 de brujería. Siendo muy joven se dice que se encontró con el diablo al salir de la ciudad, que este la besó y le dejó una marca en el labio superior y en el pecho derecho, que acostumbraba a aplicar a todas las personas que reconocían para ser favorecidas por él. El diablo mandó a Magdalena a robarse a dos niños y embrujarlos, ella obedeció, los padres de los niños la acusaron con las autoridades. Los dos niños fueron interrogados con la culpable, afirmaron que sentían una comezón en algunas partes de su cuerpo y que estaban hechizados, examinaron a Chaudron para ver si tenía la marca satánica, hundieron en ella una aguja larga, cosa que sería un doloroso tormento y le salió gran acopio de sangre y la bruja les hizo saber por sus gritos que las señales satánicas no hacen insensible. No encontraron suficientes pruebas de que Magdalena fuera bruja así que la hicieron poner en el tormento, medio infalible para hacerla confesar y lo lograron, confesó al fin cuanto quisieron y los médicos buscaron aún en ella la marca satánica, encontraron una pequeña mancha en uno de sus muslos, le enterraron una aguja en esa zona, y tanto la torturaron que ella no sintió nada de este modo el crimen fue confirmado, pero como las costumbres de aquella época iban haciéndose menos rigurosas poco a poco, no fue quemada sino después de haber sido ahogada y ahorcada.

Chorropica, María: Bruja natural de Burdeos, Francia del tiempo de Enrique IV. Confesó que un hombre la sedujo con amor y la llevó con hombre vestido de negro pero su cara estaba cubierta con un velo y que estaba rodeado de muchas personas ostentosamente vestidas. María Chorropica asombrada pronunció el nombre de Jesús y todo desapareció en un instante, no supo nada de su guía hasta tres horas después, la reprendió por haber nombrado a Jesús y la condujo al conciliábulo nocturno. Estando cerca de un molino, se volvió a encontrar con este misterioso hombre y con otro llamado Menjouin que llevaba en la mano un bote de barro en el que había gruesas arañas hinchadas, una droga blanca y dos sapos, a estos los mataron golpeándoles con una vara, y se los dieron a María para que a los dos desollase, después de esto Augerot picó las arañas y los sapos en un mortero y los echó sobre algunos pastos para envenenar a los ganados. Después se fueron a la aldea de Irauris, en donde robaron un niño de la cuna, Augerot y Menjouin le ahogaron y le pusieron en la cama entre el padre y la madre para que el padre creyese que lo había hecho su mujer, envenenaron a otros y en todas estas ejecuciones María Chorropica los observaba desde la puerta de las casas, dijo también que en otra asamblea vio a dos brujas ofrecerle al diablo un corazón de un bebé que su madre había abortado. Esta bruja fue ahorcada y quemada el 2 de octubre de 1576.

Galigali, Leonor: Francesa, esposa del famoso mariscal Delancre Concino Concini, que murió en 1647. Se descubrió que era bruja y se divulgó por sus maleficios, había hechizado a la reina y sobre todo cuando se encontraron diversos objetos esotéricos y una carta que Leonor había mandado escribir a la bruja Isabel, se probó que el mariscal y su mujer se servían para hechizar con figurillas de cera, que guardaban en féretros, se comprobó también que consultaban a magos, astrólogos y brujos y principalmente a Cosme Ruggieri, quien era italiano. También que había mandado traer reliquias de Nanci, para sacrificar gallos, y en estas ceremonias Galigai, sólo comía crestas del gallo y riñones de carnero que hacía bendecir antes. Leonor fue también convencida de hacerse exorcizar por las noches por Mateo de Montenai, charlatán de brujos. Por estas confesiones le cortaron la cabeza y la quemaron en 1617.

Juana de Hard: La apresaron a los 56 años porque la implicaron en el proceso de María Chaporrica por haberle tocado el brazo al salir de la iglesia, dejándole este miembro muerto.

Justina: Mujer de Marco Aurelio, se enamoró de un gladiador fuerte y temperamental que vio combatir desnudo, se la advirtió que debía serle fiel a su marido y opinaron que era menester matar al gladiador y dar a beber su sangre a la emperatriz, así se hizo, ella se curó del hechizo y pudo cumplir de nuevo los deberes con su marido el emperador.

Lemia: Bruja de Atenas, según Demóstenes, fue acusada de hechizar y hacer desaparece a un rebaño.

10.2. Brujas más famosas en el arte

Circe es un personaje famoso de *La Odisea* de Homero, quien vivió en una isla llamada Aeaea. Ella adoptó un hobby muy extraño: drogar a los marineros que pasaran por sus tierras, para después convertirlos en lobos, leones y otra clase de animalejos.

Cuando Odiseo visitó Aeaea, Circe convirtió a sus hombres en jabalíes, pero el héroe se salvó gracias a una planta que le dieron los dioses, cuyo poder prevenía que cayera bajo los poderes de la hechicera.

Dentro de los textos el *Talmud, la Biblia* y el poema épico de *Gilgamesh* se hace mención a **Lilith**, la primera esposa de Adán, un espíritu libre e independiente que por querer yacer encima de su marido fue tildada como prostituta y demoníaca. Se atrevió a decir el nombre de Dios. Ante la negativa de su esposo, fue expulsada, Dios la condenó a que murieran 100 de sus hijos cada día, su naturaleza cambió y se dice, empezó a yacer efectivamente con demonios y se le acusaba de causar mil desgracias más.

Eurípides en Medea, relata la historia de una sacerdotisa de la diosa lunar llamada **Hécate** por su personalidad adelantada a su época. **Hécate** era la deidad venerada como madre en el culto popular griego, y además, conocida en Alejandría como la diosa de la hechicería y reina de los fantasmas, ducha en la necromancia. La representación de su triple función se plasmó escultóricamente con tres figuras femeninas idénticas unidas, sosteniendo respectivamente, una antorcha, una serpiente y una llave. Es considerada la **Diosa de las brujas**. Al ser triforme, corresponde a las 3 fases de la luna y tres fases de la Diosa.

Nadie sabe su origen, porque ya estaba cuando surgieron los dioses egipcios y también cuando surgieron los dioses griegos. Es muy respetada incluso por Zeus. Los griegos la adoptaron como la madre anciana. Fue quien ayudó a la recuperación de Perséfone por su madre Démeter.

Medea era una sacerdotisa dedicada al culto de Hécate, hija de rey y de ninfa, y nieta del Sol. Su padre era Eetes, rey de la Cólquida, su madre, Idía, y su abuelo, el dios Helios. Medea era una mujer independiente, cosa sumamente inusual en su tiempo, y junto con su tía, Circe, encarna el arquetipo de la bruja o hechicera. Medea fue la que ayudó a Jason a robarle el vellocino de oro a su padre Eetes, proporcionándole fuerza extraordinaria con sus pociones mágicas, primero, y luego hipnotizando con hierbas y su propio poder a una serpiente guardiana del vellocino. Hizo esto porque estaba enamorada de Jason. Pero él la traicionó y la abandonó, después de romper su matrimonio con ella para casarse con Glauca. Medea sacrificó las vidas de los dos hijos que tuvo con Jason en aras de su venganza.

En la saga artúrica hizo su aparición **Morgan Le Fay**, una hechicera de Avalon que tenía mucha inferencia en los asuntos del Rey Arturo y la mesa redonda al igual que el Mago **Merlín**, maestro de las artes naturales y ayudante de la corte. Morgana era una gran hechicera que buscaba mantener el linaje y culto a la Diosa.

En la literatura española, hizo su aparición **Claudina**, la madre de Pármeno uno de los criados de Calisto en la obra *La Celestina*, cuya protagonista también tendría poderes mágicos.

Por otro lado, encontramos en los cuentos folclóricos recopilados por los Hermanos Grimm las brujas, magas o hechiceras: el arquetipo malvado por excelencia, que Walt Disney trajo a la vida en el celuloide.

Son por demás conocidas las historias de **Blancanieves,** con la bella bruja que le dio una manzana mortal a la inocente protagonista, **Úrsula**, una bruja tentacular en *La Sirenit*a que quiso robarle la voz y el pretendiente a la joven sirena Ariel y también está la muy famosa bruja del cuento **Hansel y Gretel** que quería comerse a los dulces hermanitos. Incluimos también a la bruja de **Rapunzel.**

Y como olvidar a **Maléfica**, la bruja de la Bella Durmiente que tuvo un *revival* en los tiempos modernos y cuya personificación la hace la muy talentosa actriz estadounidense Angelina Jolie.

De tradición sajona también está el maravilloso *Mago de Oz* de Lyman Frank Baum donde aparece **la malvada Bruja del Oeste**, que quiso interceptar los planes de Dorothy y sus amigos.

Tenemos también a las tres brujas de la obra hegemónica de William Shakespeare, **Macbeth**, que recuerdan a las **moiras** griegas que manejaban los hilos de las vidas de los humanos.

Otro texto donde aparecen brujos y hechiceras es el *Señor de los Anillos* de J.R.R. Tolkien, con la figura del **rey mago de Angmar, Saruman** que quería con su legión vencer a Saurón, **Gandalf "El Gris"** que ayudó a Frodo a conseguir el anillo y otra maga que lo ayudó fue la **elfa Galandriel.**

El escritor galés Roald Dahl también ha escrito sobre el tema en su novela infantil *Las brujas*, que en la versión cinematográfica *la*

Gran Bruja fue estelarizada por Angelica Houston que antes había interpretado a **Morticia Adams**.

Contamos también con las siguientes brujas famosas en la literatura y algunas obras:

En 1933 H.P. el escritor norteamericano Lovecraft publicó un cuento llamado *Los sueños en la casa de la bruja*, donde el protagonista, un estudiante de matemáticas llamado Walter Gilman, aficionado a mitos urbanos, alquila la habitación de la casa donde solía vivir **Keziah Mason** una vieja hechicera que había escapado de los tribunales de Salem.

Veinte años después, su compatriota el escritor Arthur Miller relata sobre la situación en Salem en la obra de teatro *Las brujas de Salem* donde hizo un relato bastante cruel y ficcional acerca de la cacería de brujas en Estados Unidos, que hacía eco de la sucedida durante la Edad Media en Europa.

Más recientemente aparecen magos en la saga de *Harry Potter* de J. K. Rowlings con su escuela de niños mágicos.

Las brujas en las novelas de Ann Rice como la *Trilogía Las brujas de Mayfair*, de Anne Rice. *Aura* de Carlos Fuentes, Paulo Cohelo con *la Bruja de Portobelo y Brida*, Jodorovsky con *El Maestro y las magas, Wicked* de Gregory Maguire, que se llevó al teatro, *Saga de Las Brujas* (Mundodisco), de Terry Pratchett, *Las brujas* de Roald Dahl que es un libro infantil, hay otros libros infantiles también sobre brujas, *Las brujas de Eastwick* de John Updike.

También aparecen brujas en su novela Los trabajos de *Persiles y Segismunda,* de 1617, obra con la que Cervantes quiso desasirse de El Quijote -considerada por la posteridad como su mejor obra, aunque él la escribió como una parodia cómica- y demostrar que podía escribir una novela seria y erudita. En Persiles, la hechicera mora **Cenotia**, que practica la herbolaria, dice abiertamente que

Ilustración 68. El aquelarre, Francisco de Goya y Lucientes, 1797-1798. Museo Lázaro Galdiano.

huyó de Granada para escapar de la Inquisición. Otra hechicera, **Julia**, manifiesta con sus actos que concibe la brujería como un negocio. A ella sólo le interesa ganar dinero. El retrato de estas brujas cervantinas es mucho más realista, que atiende a la realidad social y política de la época.

Vayamos ahora con Julio Cortázar, que reivindicó a las hechiceras naturales al nombrar a su personaje femenino más entrañable: **la Maga**, mujer entera y verdadera, amante y madre imperfecta, que siempre sabía encontrarse con el amor sin haber quedado citada con él...

Julio escribió, además, un brujeril cuento fantástico: **Circe**, en alusión a la hechicera griega ya señalada.

En la actualidad cada vez existen más obras que hablan de brujas, son incontables.

Si nos dirigimos a la pintura tenemos a dos extraordinarias exponentes del mundo mágico; son mis preferidas: **Leonora Carrington y Remedios Varo**.

Y el pintor más famoso de brujas es **Francisco Goya** con su gran cantidad de imágenes de brujas:

El caso es que siempre nos ha causado fascinación y a la vez miedo. Esta figura tan fantástica nos inunda de curiosidad e incluso morbo. Es hora de que miremos a la bruja en su real dimensión.

10.3. La Santa de Cabora, La bruja de Nogales

TERESITA URREA.
(LA SANTA DE CABORA)
á quien se atribuye por los periódicos gobiernistas una participación directa en la sucesos de Tomóchic.

Ilustración 69. Teresita Urrea.

Teresa Urrea (Ocoroni, Sinaloa, México; 15 de octubre de 1873 - Clifton, Arizona, Estados Unidos; 11 de enero de 1906, 32 años) es un personaje poco conocido y casi olvidado, más bien "ocultado", debido a su repercusión en la política en la Revolución Mexicana.

En el distrito de Álamos se encuentra un pueblo llamado Cabora donde habitaban en sus aledaños muchos indios Tomochis, sembradores de frijol y maíz, entre otros.

En Cabora vivía, o sus descendientes viven aún, una familia de apellido Urrea. Tomás Urrea, un poderoso hacendado de esta familia, era residente de Sinaloa, pero sus principales propiedades se encontraban en Álamos, Sonora.

Teresa era una hija ilegítima, su madre era una jornalera indígena tehueco (algunos afirman que fue yaqui) llamada Cayetana Chávez. A su nacimiento fue bautizada como García Nona María Rebeca Chávez, pues no fue inicialmente reconocida como hija de Tomas Urrea, quien la procreó al forzar a su madre, una joven de 14 años a trabajar en su hacienda. Al saber que estaba embarazada, Tomás Urrea la corre. Acerca de Cayetana, era una joven rebelde, sus parientes trabajaban en la hacienda de Santa Bárbara

Ilustración 70. Teresa Urrea en USA.

189

en Chihuahua de la familia González, ella no quiso trabajar ahí y por eso se fue a la hacienda de Cabora.

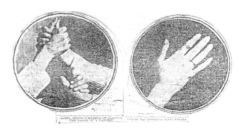

Ilustración 71. Método de sanación de Teresa.

Teresa nació y vivió en su niñez en la hacienda de Santa Bárbara. La mamá de Teresa pasó parte de su niñez viviendo en el pueblo de Aquihuiquichi, en las inmediaciones de Cabora.

Al nacer Teresa, la dejó en Santa Bárbara con su hermana Petra, quien la tenía a su cargo con especial atención por las enfermedades y tendencias de la niña. En 1988, cuando Teresa tenía 14 años, murió su madre. Tomás Urrea mandó buscarla a Santa Bárbara y la recuperó, su tía Petra se quedó trabajando en la hacienda de Santa Bárbara. Tomás Urrea no tuvo hijos, por lo que no sólo la recibió de buen agrado, sino que la reconoció legalmente como hija suya, siendo su nombre a partir de ese momento, "Teresa Urrea". Ahí la cuidaba una sirvienta apodada la Hula quien le enseñó el arte de la curación con las hierbas y la inició como taumaturga, es decir, como curandera milagrosa. Con ella aprendió el uso de yerbas medicinales, ungüentos, emulsiones y limpias. Muy pronto, la alumna superó a su maestra.

Dos años después, en 1890, ocurrió el evento que supondría una inflexión en su vida y sobre todo en fama de santidad, sufrió un ataque de catalepsia, estado en el que quedó sumida durante catorce días, ante la creencia de que había muerto, su padre preparó su funeral, y cuando era velada, estando en el ataúd volvió en sí, la noticia de su "resurrección" causó estupor y se extendió rápidamente por toda la comarca cercana, tanto de Sonora como de Chihuahua. Después de esto y debido a los milagros que empezó a propagar, la llamaron "La Santa de Cabora".

Pronto comenzó a manifestar dones de profecía y éxtasis. Teresa Urrea empezó a "hacer milagros"; era muy conocida por los indios, su fama empezó a extenderse por la región.

Esos poderes le permitieron ver las aflicciones de las personas y curarlas mediante una combinación de imposición de las manos, frotación del área afectada con una mezcla de tierra con saliva y en algunas ocasiones, con su propia sangre- y con remedios naturales. Se decía que de ella emanaba un sutil aroma de rosas y algunos intentaron recoger su sudor o lágrimas para usarlos como perfume (Holden, 1978; Pérez, 1993; Vanderwood, 1998).

Cuando mejoraba entraba en profundos periodos de trance y hablaba con la voz de una niña de cuatro años. Aunque sospechamos que en realidad era la voz de Raúl Madero, hermano de Francisco I. Madero, quien murió en un accidente al quemarse con una lámpara de queroseno a los 4 años. Se dice que tuvo revelaciones divinas o mensajes de este espíritu y recibió su misión de parte de la Virgen María.

Raúl Madero era espíritu guía de Francisco I. Madero, la Roja y después de Ingrid y Jorge Rosell. Actualmente habita en la casa de la familia Rosell Martínez, donde se aparece eventualmente.

La muerte de "Huila", su maestra, dio pie a la creciente fama de Teresa como curandera, vidente y taumaturga y al pueblo sonorense de Cabora como lugar de peregrinación. En 1890 ya lucía transformado por la romería de visitantes que llegaban de lugares cercanos y remotos.

Fue un personaje decisivo en eventos políticos e insurrecciones en la Revolución Mexicana, en el período de Porfirio Díaz.

Su fama fue sobre todo creciente entre los indígenas yaquis y mayos y entre muchos habitantes serranos, además de ser conocida por sus curaciones milagrosas, también lo era por sus frecuentes discursos en contra de la injusticia contra los grupos oprimidos, este hecho pronto despertó recelos del gobierno de Porfirio Díaz y también simpatías entre los grupos que sentían la opresión oficial.

Muy pronto, la prensa se interesó por Teresa y empezó a indagar acerca de sus milagros y curaciones fantásticas, así como de su pasado, sus amores, su enfermedad, sus periodos de trance y sus seguidores. Llegaron a entrevistarla periodistas mexicanos y estadounidenses que a través de periódicos de la época, como *El Monitor* y *El Tiempo* propagaron su fama más allá del pequeño pueblo de Cabora y pronto comenzaron a llegar cientos de peregrinos de Sonora, Sinaloa y Chihuahua.

Como Teresa consideraba que sus poderes eran dones divinos, no cobraba por el ejercicio de éstos, característica que se sumó a su carisma y espíritu personal. En tan sólo unos meses, miles de personas de todos los rincones del norte de México viajaron a Cabora para ser curados por Teresa, la Santa Niña de Cabora (Holden, 1978, Putman, 1963; Rodríguez y Rodríguez, 1972). Según Osorio, entre 1889 y 1892 fue visitada en Cabora por más de doscientas mil personas en busca de curación.

Por entonces no llamaba a la rebelión ni a la revuelta social. La interpretación que le dieron a sus enseñanzas los habitantes de Tomochic se debió más a su dirigente y vocero, Cruz Chávez, que a la propia Santa de Cabora. Chávez fue quien declaró, en nombre de la mayoría de los habitantes del pueblo, que después de su conflicto con el presidente municipal no reconocerían otra autoridad que la ley de Dios, y él fue quien convenció a sus seguidores de que Teresita legitimaba su resistencia a la autoridad. Cruz Chávez enfermó y fueron en peregrinación en busca de "La Santa de Cabora" para que lo curara, confirmar esa opinión y renovar su fe.

El asunto de "La Santa de Cabora" ya estaba tomando proporciones alarmantes, se habían dado los primeros pasos para hacerle una capilla. El Gobierno, temeroso de que las cosas llegaran más lejos, mandó a unos comisionados que dijeran a la Santa que se

Ilustración 72. Guaymas, Sonora.

dejara de barullos y que no hacía milagros. Teresa no se dio por aludida y siguió curando a su modo a los indios y blancos de su pueblo con la misma solicitud que desplegó desde un principio. Viendo las autoridades que no paraba, le solicitaron irse al norte.

El 13 de diciembre de 1891, Lauro Carrillo -gobernador del estado de Chihuahua- le manda una carta al dictador Porfirio Díaz, en ella habla de los acontecimientos que han ocurrido en el pueblo de Tomochic lugar en el que, después de un cúmulo de abusos de las autoridades, los habitantes se han rebelado, en dicho documento resalta el nombre de una mujer: ""La Santa de Cabora"".

"Teresa Urrea es pacifista, predica la paz y la paciencia para poder conquistar la justicia. Mientras vive en México, nunca enarbola vaderas políticas ni promueve luchas armadas. Sin embargo, muy pronto el discurso de esta versión mexicana de Gandhi se conviete en perturbador: denuncia la injusticia del régimen, habla con vehemencia de la virtud y el vicio, de los buenos y los malos, del enorme poder de Dios; clama contra el abuso y la maldad, pide justicia para los desheredados y libertad para el hombre de bien; denuncia las condiciones de miseria en la que viven muchos mexicanos y se pronuncia en contra de los despojos de tierras y del genocidio del que son objeto indios mayos y yaquis".

Esa fue la gota que derramó el vaso. La santa y su padre fueron aprehen-didos en Cabora, trasladados a Guaymas y se les dio la posibilidad de escoger entre el exilio o la cárcel. Llegaron a Nogales, donde el periodista y espiritista Lauro Aguirre se encargó de protegerlos y acomodarlos. Aguirre diseñó una campaña publicitaria para conseguir recursos y mejorar la imagen de la santa. Desde entonces, "la Niña de Cabora" se convirtió en una mujer elegante, bien vestida e impecablemente peinada. Atrás quedaron el rebozo, el pelo largo y sus pertinaces seguidores, indios pobres, perseguidos por el régimen y refugiados al otro lado de la frontera.

Así es como la llamada "Santa de Cabora", exiliada en Estados Unidos, deja en los pobladores de Chihuahua y Sonora el cosquilleo por romper los grilletes de la dictadura, ese mismo que a la postre desemboca en grandes movimientos sociales. Y aunque la semilla que sembró Teresa Urrea más tarde derivó en brutales represiones, levas, exterminio de poblaciones enteras o descarados procesos de esclavitud, crudamente narrados en el México Bárbaro, de John Kenneth Turner, el legado de esta mujer sirve para entender el proceso pre revolucionario, ese mismo en donde se inició la cuenta regresiva del porfiriato.

Instalada en El Paso, la santa inició una nueva etapa de su vida. Lauro Aguirre la relacionó con diversos círculos sociales, propagó sus milagrosas curaciones y la convirtió en líder espiritual de un amplio movimiento político en contra de la dictadura. La santa se movía con soltura por las ciudades fronterizas, incluso viajó a Los Ángeles y Nueva York. Finalmente, se naturalizó estadunidense para evitar la extradición y desarrollaba con éxito sus labores curanderiles y religiosas.

No obstante, su influencia seguía viva en el México porfiriano, cada día más propenso a la revuelta que llevó finalmente a la revolución, que ella ya no tuvo oportunidad de presenciar. La santa murió en 1906, a la edad de 32 años.

Aunque no está claro si Teresa habló, de modo directo o no, en contra del gobierno de Porfirio Díaz, se sabe que sí se expresó en contra de la corrupción de la Iglesia Católica e incitó a la gente a amar a Dios directamente sin tener que pagar a esta institución por su "dirección". Como la iglesia estaba aliada con el régimen porfirista, estos comentarios se interpretaron como "traición a la patria" y "herejía".

La influencia de Teresa Urrea fue decisiva para tres sublevaciones, la primera de ellas la de los habitantes de Tomochi, Chihuahua, que la habían visitado en 1890 buscando la cura para la enfermedad mortal del patriarca del pueblo Cruz Chávez; en camino los federales pensaron que se trataba de una sublevación; ellos gritaron "Viva "La Santa de Cabora"" como invocación de su protección. Murieron de ambos bandos.

Cuando los indios se enteraron de que su santa no estaba en el lugar de costumbre, asumieron una actitud hostil para la gente pacífica que vivía en Cabora. Alguien lo comunicó al Jefe de los Tomochis que Teresa había sido llevada rumbo al norte y que fácilmente la encontrarían en Nogales. El Jefe Tomochic convocó a una "conferencia de mesa cuadrada" en la cual decidieron organizarse y armarse hasta los dientes para rescatar a su santa. Los Tomochis ya en pie de campaña se fueron a buscarla. La pequeña columna se componía de unos 60 individuos de esa tribu, bien armados con rifles y flechas, y cruzando valles y serranías caminando de día y de noche llegaron a Nogales. Al llegar a la plaza hubo matanza.

Al regresar quedaron convencidos de la santidad de la joven y de la justicia de sus postulados, el líder de los tomochitecos, Cruz Chávez, tendría correspondencia con ella hasta 1891 cuando fue muerto por el ejército que aplastó la Rebelión de Tomochic. Cabe señalar que 1,600 soldados acabaron con la rebelión matando a todo el pueblo de los Tomochic, los encerraron en la iglesia, con mujeres y niños, y prendieron fuego a la misma, quemándolos vivos a todos ellos. A los que lograban escapar les disparaban. De estas rebeliones conocidas oficialmente una es la de los tomochic en la que acabaron con ellos, la de los indios mayos, en 1892 que se rebelaron contra el gobierno de Porfirio Díaz, para no dejar lugar a dudas sobre su inspiración, se confundía como grito de Guerra, pero en realidad era para su protección ¡Viva "La Santa de Cabora"! Y la de los indios mayo en una larga y sorda lucha contra el gobierno.

Ilustración 73. La Santa de Cabora sanando.

Cabe recalcar que dentro de la sublevación tomochi hubo 3 episodios, pero uno de ellos llama por sobre todo la atención: la Secretaría de defensa ordenó al General Cruz terminar de una vez por todas con la rebelión, el general Cruz salió de Chihuahua el 21 de septiembre a cargo del 9º batallón con más de 500 hombres a su mando. Antes de llegar al pueblo de Temochic para cumplir con su cometido (acabar con la sublevación) se encontró con los rebeldes y enfrentó una ardua batalla donde él supuestamente los masacró a todos; sin embargo, cuando terminó la batalla se dio cuenta que la guerra emprendida fue contra milpas y mazorcas, algo que lo enloqueció, por lo cual fue relegado del ejército.

Se dice que la "Santa de Cabora" se metió en su mente y le hizo ver esa alucinación.

En las actuaciones de la "Santa de Cabora" se manifestaban tres grandes influencias: la cultura religiosa católica, los conocimientos teórico-prácticos del curanderismo de la zona noroeste y, finalmente, el espiritismo, que estaba en apogeo a fines del siglo XIX. Los seguidores de esa corriente se interesaron en la santa, la protegían y la consideraban una verdadera médium.

Al mismo tiempo, la Santa consideraba como sus tres principales enemigos a los curas, el dinero y los doctores. La Iglesia, en especial los curas de pueblo, le había declarado la guerra y en una ocasión el obispo pretendió excolmulgarla. Por otra parte, la Santa que vivía modestamente y no cobraba por sus curaciones, consideraba al dinero como una fuente de corrupción, de disolución de las familias y como causa de la pobreza en la que estaban sumidos los indios de la zona, los yaquis y mayos que la consideraban su líder espiritual.

Finalmente, se enfrentaba con los doctores, que representaban en cierto modo la competencia. Aunque hay que decir también que éstos eran muy pocos y se ubicaban más bien en los centros mineros. Pero, sobre todo, para ella la medicina oficial representaba a la ciencia y se contraponía con los planteamientos espiritistas.

"La Santa de Cabora" no era un fenómeno aislado, pero sí excepcional. De hecho, coexistía con una variedad de santos, santas y chamanes que predicaban el fin del mundo y la salvación. Pero, sin duda, ella era la de mayor fama e influencia y hacia Cabora confluía una romería incesante de fieles, enfermos, curiosos y reporteros. La transmisión oral expandía su fama a nivel regional, incluso más allá de la frontera; la prensa nacional y extranjera se encargaba de proyectarla en todo México y a escala internacional. Sus fotografías, siempre muy arregladas, circulaban en diversos formatos; se vendían estampas impresas y escapularios con su foto. La prensa, que publicaba artículos en favor y en contra de ella, difundía su imagen profusamente.

Lejos de formar parte de los mitos extraordinarios de la historia oficial, o incluso de pertenecer al selecto grupo de héroes patrios, "La Santa de Cabora" es un personaje sin el cual no se podrían entender los primeros gérmenes de rebelión que a la postre desembocaron en la Revolución de 1910. Simbología religiosa o insurrecta por circunstancia, Teresa Urrea tuvo como campo de acción una región avasallada por el terror de Estado.

Fue en la etapa más encarnizada de persecución y asesinatos del régimen de Porfirio Díaz, en donde esta mujer pone en aprietos a la Iglesia Católica, es decir, a una de las principales columnas que sostienen al dictador. "La Santa de Cabora" pide a sus pacientes tener un "trato directo" con Dios, sin intermediarios y habla de justica para los desposeídos.

Muchos entraron por la puerta grande a la historia nacional, muchos por méritos propios, pero muchos otros porque así conviene contar los hechos. Teresa Urrea no pertenece a ninguno de estos grupos, tal vez por la exclusión de género existente en la historia oficial, o tal vez por el avasallante centralismo en México, en donde la historia regional aparece al pie de página o en letras chiquitas. La historia de esta mujer, como se dice coloquialmente, se cuece aparte.

En el libro Tomochic en Llamas, Rubén Osorio relata que durante los años que vive en la Danya de Cabora, Teresa aprende de su padre, Tomás Urrea – un hombre de mundo, rico, mujeriego, liberal, anticlerical, antiporfirista- la manera que el clero se sirve de la religión para engañar al pueblo; cómo, a sangre y fuego, Porfirio Díaz consolida su dictadura militar; como gobernadores y altos oficiales del ejército se enriquecen en Sonora masacrando a indios yaquis y mayos, arrebatándoles sus tierras para integrarlas a grandes propiedades privadas, y cómo las riquezas de México son entregadas a los extranjeros por el gobierno de Díaz de una manera irracional.

Una mujer, con poderes místicos -atribuidos por una población abandonada por el gobierno y cansada de los abusos de poder- que habla de la justicia y del amor por los demás y despotrica en contra de la iglesia se convierte en un peligro para la endeble estabilidad de un régimen que está a punto de caer. Con estos antecedentes no es de extrañar que sea la inspiración del movimiento rebelde que se origina en Tomochic y que termina en una horrorosa masacre a todo el pueblo ordenada por Porfirio Díaz con el argumento de que había que "cuidar la imagen para proteger la inversión extranjera".

Cuando Teresa Urrea estuvo viviendo en los Ángeles, los detectives del gobierno mexicano que perseguían a los opositores, quemaron su casa. Teresa tuvo que cambiarse de residencia con sus hijas a Clifton, Arizona, para evitar ser capturada por el gobierno mexicano; sin embargo, ella huyendo tuvo que refugiarse en la Hacienda de Santa Bárbara. Ahí le enseñó a Natalia Matta González, "la Roja" a leer el café. Quien también fue una destacada bruja y vidente de quien hablaremos posteriormente.

Natalia Matta González es la bisabuela de Jorge Rosell a quien le enseñó la lectura del café desde los 7 años. Actualmente Jorge es esposo de Samak, ha leído por más de 42 años el café a miles de personas y actualmente imparte los **cursos de lectura de café turco e interpretación de sueños** en Centro de Estudios Alquimist.

10.4. Natalia Matta, "La Roja". La bruja del Mezcal

Ilustración 74. Embajada japonesa.

Ya antes señalamos acerca de esta extraordinaria bruja, ahondaremos en su biografía a continuación: Natalia Matta González es originaria del estado de Chihuahua México, nació el 28 de octubre de 1898 en **la hacienda de Santa Bárbara**, propiedad de sus Padres Francesco Matta Gabriele e Isabel González fuentes, siendo la séptima hija de ocho hermanos. Desde su infancia (debido a que Teresa Urrea fungió como su nana desde su nacimiento hasta los seis años de edad) estuvo relacionada con el **mundo espiritual**, otro factor que contribuyó al esoterismo en su vida tuvo que ver con ser ahijada de **Francisco Ignacio Madero González** quien siempre mostró un interés afectivo muy especial hacia ella y era aficionado de

Ilustración 75. Ejército zapatista.

técnicas alternativas de sanación (homeópata y herbalista) y practicaba el espiritismo.

Debido a la influencia de **Teresa Urrea**, desde muy temprana edad, Natalia aprendió el arte de la **sanación, la lectura del café y del cacao**, entre otras mancias, sus contantes premoniciones, así como el tener un **amigo imaginario** llamado Raúl (el cual se dice era un espíritu con el que se contactaba ¨hermano menor de Francisco I. Madero G.¨) llamó la atención de sus padres quienes en un inicio se preocuparon demasiado; sin embargo, con el tiempo aceptaron su extraña cualidad.

La cercanía entre la familia Matta González con la familia Madero en su momento detonó un evento trágico para Natalia. Abraham González Casavantes, primo hermano de Isabel González, madre de Natalia fungió como gobernador durante el mandato presidencial de Francisco I. Madero, de quien es bien sabido, llegó a la presidencia de la República Mexicana después de un movimiento armado dirigido por él, derrocando al régimen porfirista, el cual llevaba más de tres décadas en el poder.

Una vez que triunfó la causa, las armas de la Revolución Maderista, fueron ocultadas en la hacienda de Santa Bárbara a petición de los líderes revolucionarios hasta que la estabilidad del país se recobrara; sin embargo, dicha estabilidad no llegó debido a que el General Victoriano Huerta, orquestó un golpe de estado provocando con ello la muerte del Presidente Francisco I. Madero.

Temiendo un levantamiento armado, el General Huerta, mandando a arrestar al gobernador de Chihuahua, Abrahán González Casavantes a quien torturó hasta su muerte para sacarle la información del sitio donde se ocultaban las armas Maderistas, al tener la ubicación del armamento giró la orden de recuperarlo y mandar fusilar a quienes resultaran culpables de su resguardo.

El ejército federal a escasas horas de la muerte del gobernador Chihuahuense llegó a la Hacienda de Santa Bárbara y al encontrar el armamento oculto en los hilos de grano de la propiedad, fusiló a la totalidad de la familia Matta González, exceptuando a **Natalia** y su hermano menor, quien debido a sus **premoniciones** pudo evitar la muerte escondiéndose en un sótano de la hacienda con tarros de miel, agua, y dos costales de papas; provisiones que le ayudaron a mantenerse oculta durante el tiempo que el ejército federal estuvo posesionado en el lugar. Así sobrevivió por más de un mes hasta que la hacienda fue atacada por un grupo armado. Aprovechando el evento y la confusión, Natalia pudo escapar para deambular por unos días en la sierra de Chihuahua, hasta verse, por azares del destino, arrastrada a un grupo armado perteneciente a las fuerzas revolucionarias a la escasa edad de **trece años.**

Su llegada a **"la Bola",** como comúnmente se les decía a los grupos armados revolucionarios, fue muy trágica y dolorosa, ya que, debido a su belleza natural, fue golpeada y sometida a múltiples violaciones sexuales por los revolucionarios. Las primeras semanas fue atada de un pie para evitar una posible fuga; sin embargo, en uno de los pocos momentos que tenía para comer, Natalia se hizo de una taza y café, la cual se empezó a leer debido a la desesperación y el horror de los momentos por los cuales estaba pasando, fue cuando una de las soldaderas llamada Bertha Pérez vio intrigada el momento en que Natalia hacía el ritual de la lectura, por lo que le pidió que le hiciera una a ella, en el momento en que terminó quedó asombrada por su certeza, y al preguntarle quién le había enseñado a interpretar tan mística lectura, Natalia mencionó: "Teresa Urrea" mejor conocida como **"La Santa de Cabora"**. El mencionarla causó conmoción en la mayoría de las soldaderas y algunos integrantes del grupo armado, quienes lincharon y quemaron a los que la tenían sometida liberando así, a Natalia de su martirio.

Debido a sus grandes **dotes predictivos** el grupo conformado en gran parte por indios Yaquis la tomó como su **líder**, los siguientes meses empezó a correr el rumor que una **joven bruja** de **pelo del color de la sangre** y ojos esmeralda con la capacidad de ver en la oscuridad, atacaba por las noches acompañada por un viento espectral a las haciendas ocupadas por cualquier grupo armado, ya fuera federal o sublevado revolucionario. Luchando su propia guerra, fue así como surgió la leyenda de **"La Roja"** una mujer guiada por espíritus y rodeada de eventos sobrenaturales, tan amada como odiada, luchando por su propia causa, sin más pago que la satisfacción de ejercer su propia justicia.

Ilustración 76. El café turco.

Mística, bruja, y hechicera, esperanzadora de los desvalidos, temida por los poderosos. Sus maldiciones y conjuros a gran parte de los líderes de la revolución Mexicana, dieron tal efecto que el sólo pronunciar su nombre parecía atraer consigo **una maldición**. Insaciable **asesina de violadores y feminicidas**, se decía que tenía como corcel una luna menguante, y que la noche era su día y así como la muerte era su vida, **madre del mezcal, esposa de la marihuana, hija del café**, devota fiel de la tierra, e inmune al fuego de la hoguera; **maldijo a Villa, maldijo a Obregón, predijo a Zapata una muerte por traición,** el pueblo entero la recordó cómo **"la Bruja Roja de la Revolución"**.

CONCLUSIONES
SOY BRUJA ¡Y QUÉ!

Después de este maravilloso paseo por el mundo de la brujería mi pregunta para ti es ¿Te reconoces como una bruja?

Existe el estigma de que las brujas son malas. Dime tú si ser bruja es dañino.

Ser bruja es reconocer y despertar tu propia magia activando tus dones psíquicos, avivando tus otros sentidos como la clarividencia, para encontrar respuestas y caminos.

Ser bruja es entender y trabajar con las energías, es meditar.

Es conocer los secretos y poderes ocultos de la naturaleza, de los árboles, las estaciones, los elementos, las piedras y las plantas, es conectarte con ellos, aplicarlos, vivirlos y compartirlos encendiendo un incienso, prendiendo una vela, untándote un aceite esencial, cargando un cuarzo, sanarte con plantas.

Ser bruja es caminar por el bosque, sentirlo, amarlo, reconocer el poder de los árboles y es hacer ahí tus rituales, danzando y cantando.

Es trabajar con las fuerzas de la Luna, la Tierra, el sol, los astros, el tiempo y las estaciones. Saber a qué hora encender una vela o hacerte un baño mágico de purificación.

Es reconocer otras formas de vida y dimensiones, respetarlas y cohabitar. Es mirar la verdad sin temerle a través de oráculos. Es estar conectada con las fuerzas superiores y reconocerte como fuente de luz y transformación.

Ser bruja es saber que todo es cíclico y es decir adiós a quién eras para reconstruirte en un nuevo ser, armonioso, amoroso, sabio y lleno de vida.

Es seguir tu propia intuición con libertad y sabiduría no las líneas escritas hace siglos para controlar y generar temor. No es hacer amarres, ni adorar al diablo, no es conjurar con maldad, ni es charlatanería como los ignorantes piensan.

No importa tu religión, el concepto de Dios es personal.

Eso es ser bruja.

Díme tú si es malo.

Sin embargo, NOS HEMOS TENIDO QUE OCULTAR. Pensé que habíamos pasado la época fuerte de persecución de las brujas, pero para mi sorpresa encuentro que no es así.

Ahora que he estado en los medios, algunas personas (pocas) fanáticas religiosas siguen en el mismo rollo nefasto, acusando y descalificando.

Y me parece de lo más absurdo. Por un lado, nos atacan los cuadrados de mente con pensamiento extremo científico por tener una creencia "supersticiosa", si es así, TODAS las religiones son supersticiosas, algunas muy absurdas, por cierto; siguiendo en esta línea, por otro lado, otros "supersticiosos" dicen que no está bien lo que creemos que nos castigarán e iremos al infierno. El caso es que no cabemos ni de un lado ni de otro y la verdad no nos importa.

En verdad no comprendo cómo se puede formar parte de una religión impuesta. Hemos "evolucionado" para creer lo que nos dé la gana, lo que nos parezca razonable y con lo que nos sintamos afines sin ser juzgados.

No me vengan a descalificar y decir que lo que creo está mal debido a que está o no escrito en un libro, con gusto compartimos ideas y discutimos con respeto nuestras creencias; sin embargo, nunca discutiré sobre algo fundado en el temor.

Mi religión es la brujería y es el Antiguo Arte de la Sabiduría, aunque cause miedo, hay que informarse.

Y finalmente quisiera comentarte que hay una motivación dentro de mí que no te sé explicar. ¡Tantos mensajes que transmitir! y ¡Tanta gente que despertar!

Creer en tu magia, no temerle a tus dones, no temer ser juzgad@, que no te dé vergüenza decir SOY BRUJ@ ¡Y QUÉ!

De pronto me detengo y ni yo misma entiendo ese impulso, sólo me doy cuenta de que su fuente es algo que me súper rebasa y viene de vuelta y me sigue despertando a las 4 o 6 de la mañana con IDEAS.

El mensaje constante de los dioses para todos es: ¡Cree en ti! ¡Confía! ¡Sigue tu corazón! ¡Deben estar unidos! ¡Despierta!

Debo confesarte que por segundos me ha llegado la duda ¿Vale la pena? Pero se borra al instante y mi corazón inmediatamente responde que SIÍ.

De lo más gratificante fue un mensaje de un alumno. En sus sueños lo recibió, era sobre un libro que aún no he escrito y al final decía "Muchas gracias por tu tiempo y dedicación, con cariño…"

¡¡¡Supe que era de los DIOSES y llenó de ilusión y regocijo mi ser completo!!!

Bendiciones y sí, soy bruja y ¡¡¡¡a mucha honra!!!!!

BIBLIOGRAFÍA

Amara, Heatherash, ***Warrior Goddess Tarining***, Hierophant Publishing, San Antonio TX_ 2014.

Buckland, Raymond, ***Wicca for life, Citadel Press***, USA: 2001.

Calasso, Roberto, ***Las Bodas de Carmo y Harmonía***, 3ª ed. Ed. Anagrama, Barcelona: 1994.

Faith, Chloe, ***Manuales,*** Resonance Reppaterning Institute.

Ferguson, ***El regreso de Inana***, V.S., Sin Límites; Edición 1st (15 febrero 2011).

Amaro, Genaro, ***El libro más pequeño del mundo con las verdades más grandes del Mundo.*** https://www.youtube.com/watch?v=P3ud29skAoo

Dion Fortune, ***Las órdenes esotéricas y su trabajo***, Ed. Equipo difusor del Libro, 1881, España.

Eliade, Mircea, ***El chamanismo y las técnicas Arcaicas del éxtasis***, 2003.

Grimassi, Raven, ***The book of holy Strega***, Old Way press, Springfield Massachusetts: 2012.

Grimassi, Raven, ***Witchcraft***, Lewellyn, USA: 2004.

Hernández, Verónica, Wicca, ***La magia de la naturaleza, sus principios, sus prácticas y sus rituales***, Yug, México, 2004.

Holden, William Curry, ***Teresita***, 1978.

Kelly-Doyle, Moira, ***El Gran Libro de la Sabiduría Celta***, Latinoamericana Editora, Argentina:2000.

Leland, Charles Godfrey, ***Gypsy Sorcery & Fortune telling***, 1981.

Leland, Charles Godfrey, ***Aradia: Gospel of the witches***, Custer: Phoenix Publishing Inc., 1990.

López Austin, Alfredo *Cuarenta clases de magos del mundo nahua* en *Estudios de Cultura Náhuatl*, UNAM IIH, México: 1967.

López Austin, *La magia de la adivinación en la tradición mesoamericana*, *Aqueología Mexicana*, núm. 69, pp 20-29.

MacCoy, Edain, *Magia y rituales de la Luna, Ceremonias y ritos para descubrir y utilizar la energía Lunar*, 2ª edición, Arkano Books, Madrid: 2006.

Martínez, Gloria, *Logos, lenguaje y símbolo, La comunicación de la Razón Universal hacia el entendimiento individual*, Editorial Académica Española, 2012, Alemania.

Ortíz-Ossés, Andrés, *Los lenguajes del símbolo*, coord. Blanca Solares, Ed. Atropos, Barcelona, España: 1988.

Ortíz-Ossés, Andrés, *Amor y sentido: una hermeneútica simbólica*, Ed. Atropos, Barcelona, España: 2003.

Ripinsky-Naxon, Michael, *The nature of Chamanism*, Suny Press: 1993

Starhawk, Velentine, *La Danza en Espiral*, Un amor infinito, Obelisco: 2002.

Samak, *El diario de una bruja*, ETM, México: 2007.

OTROS LIBROS DE SAMAK

EL TRATADO DE ENERGÍAS Y DEFENSA PSÍQUICA TOMO I, LAS ENERGÍAS Y LOS ATAQUES PSÍQUICOS.

El tema de las energías y los ataques psíquicos es un asunto que se cree de gente supersticiosa; sin embargo, es una sabiduría ancestral que cada día va encontrando fundamento real, además de ser una tarea que todo ser humano debe conocer para salvaguardar la integridad energética y espiritual propia y de los suyos. En este primer volumen del Tratado de Defensa Psíquica, la Sacerdotisa Samak nos revela los frutos de sus investigaciones realizadas por años acerca del resguardo y protección de nuestra energía vital. ISBN 97881647891589

EL TRATADO DE ENERGÍAS Y DEFENSA PSÍQUICA TOMO II, LAS BRUJERÍAS

Muchos mitos, leyendas y anécdotas influencian nuestro pensamiento, dejando a nuestro criterio la decisión de mantenernos escépticos o incursionar en el mundo de lo paranormal.

En este ejemplar podrás incursionar en una visión fascinante al mundo espiritual donde la magia te acompañará en todo momento, a través de la narrativa y las bien ilustradas páginas que te presento plasmadas en esta obra literaria. Este es un libro que recopila, más de diez años de investigación de diferentes culturas, en diferentes épocas, además de narrar las maravillosas e interesantes experiencias que han formado parte durante mi larga incursión en el camino espiritual. Este libro se enriquece no sólo por mi experiencia en los temas relacionados con el misticismo, sino también por mi trayectoria en el ámbito profesional.

Si el mundo de las ciencias ocultas despierta tu interés, es imprescindible contar con un ejemplar del libro TRATADO DE ENERGÍAS Y DEFENSA PSÍQUICA TOMO II - LAS

BRUJERÍAS en donde podrás consultar los tipos de brujería que existen y cómo contrarrestarla, entendiendo el poder de los hechizos y las energías ocultas. ISBN 978-607-29-2737-7

MORGANA, MI GUÍA EN NUESTRO VIAJE INICIÁTICO

La gestación y el viaje iniciático desde el punto de vista de una bruja. Preguntas acerca de nuestro nacimiento, de dónde vienen nuestras almas, quiénes son los nuevos seres que están naciendo, acerca de los entes o sombras que comparten el mundo con nosotros, seres inter-dimensionales o extraterrestres, maestros y elementales, temas sobre la canalización (mediumnidad), el paganismo, la magia y la alquimia, entre muchas otras; son planteadas y respondidas desde el punto de vista de Samak. Morgana, además de ser el nombre de una beba mágica o cósmica, es una historia con la que todos nos identificamos porque nos habla del nacimiento del ser humano relacionado de forma análoga con el desarrollo de la conciencia multidimensional. La autora logró consolidar tantos años de estudio y camino espiritual y filosófico en el proceso de gestación de Morgana, una niña «especial», que desde el vientre materno impulsó a su madre a escribir este libro, mostrándonos que desde el vientre vamos cumpliendo con nuestra misión. ISBN 9786070019760

DIARIO DE UNA BRUJA

El Diario de una Bruja contiene interesantes pasajes de la vida de una sacerdotisa consagrada a la cultura Wicca y conecta a las lectoras y lectores con la práctica de este arte que data del principio de los tiempos. En estas páginas Samak comparte contigo su sentir y sus conocimientos sobre este camino místico lleno de sabiduría. Acompáñala en la aventura.ISBN 9786077817376

ASTROLOGÍA, TUS DONES Y TU CONEXIÓN ESPIRITUAL

En este libro Samak aporta el conocimiento astrológico desde el punto de vista espiritual. En su labor de ayudar en el despertar de los dones especiales o mágicos, brinda una perspectiva diferente para identificar y potenciar los dones a través de la relación con los astros y la forma en que cada individuo se puede conectar con las fuerzas divinas, así como la manera de divinizarse, satanizarse o hundirse en las tinieblas de acuerdo a ciertas configuraciones astrológicas. ISBN 9786077817420

LOGOS, LENGUAJE Y SÍMBOLO, LA COMUNICACIÓN DE LA RAZÓN UNIVERSAL HACIA EL ENTENDIMIENTO INDIVIDUAL.

Al tratar de comprender a dónde nos lleva una mayor comprensión e interpretación del mundo, buscamos comprender el vínculo que une a la multiplicidad de razones individuales consigo mismas, unas con otras y con la Razón Universal o Logos cuyos conceptos son de difícil aproximación. La hermenéutica de Heidegger y Gadamer nos dan pauta en esta tarea, cargando así al Logos de sentido en la comprensión e interpretación.

Posteriormente nos acercamos a la lingüisticidad, el lenguaje y ludus para llegar con el Círculo Éranos a la hermenéutica simbólica, comprendemos así que en cada interacción en nuestra subjetividad con el mundo simbolizamos. El Logos, ahora también como logos simbólico, cargado de sentido nos lleva a comprender la importancia de lo religioso, lo divino, lo mítico y lo erótico; manifestados en los mitos que nos llevan a un proceso de individuación donde aprendemos a vivir en armonía con lo que nos sucede, con lo cíclico y lo ascensional. El equilibrio de dicho proceso se alcanza mediante la reconciliación de la razón y la emoción, el logos y el mito, interior y exterior, luz y sombra; con el fin de lograr el conocimiento de sí mismo, para amarse y así amar a otros. Por Gloria Martínez   ISBN 9783659061455

GUÍA MÁGICA DE LUNARES

¿Tienes un lunar misterioso y quieres saber qué es lo que significa?, si es así, no puedes dejar de leer esta mágica una obra llena de misticismo y reveladores secretos, donde descubrirás los poderes mágicos con los que has nacido y que se encuentran escritos en el bellísimo lienzo de tu cuerpo.

DIARIO DE UNA BRUJA, SEGUNDA EDICIÓN

Conoce las actividades cotidianas, así como la forma de pensar de una sacerdotisa Wicca.

Con los pasajes de *El diario de una* bruja podrás adentrarte en la práctica de este arte que data del principio de los tiempos.

En la primera parte la bruja Samak nos habla de sus vivencias en el mundo de la magia, su interpretación peculiar de los acontecimientos y eventos importantes en su vida, así como de su encuentro con espíritus. En esta segunda edición se han añadido pasajes dándonos una versión actualizada. ISBN 9798749461961.

En la segunda parte Samak nos describe el sistema mágico para crear con magia y nos presenta varios hechizos efectivos para mejorar en los ámbitos de amor, dinero, protección, conducir a personas fallecidas a la luz, comenzar bien el año, entre otros.

Aclara tu forma de mirar a las brujas y encuentra en esta obra una guía para aplicar la magia a tu vida diaria de la mano de Samaak.

¡Feliz reencuentro, feliz partida!
http://www.alquimist.com.mx
Instagram: samak_alquimist
Facebook: samakalquimist
Youtube: SAMAK
TikTok: Samakalquimist
alquimist@alquimist.com.mx

TABLA DE ILUSTRACIONES

Made in the USA
Monee, IL
05 June 2023

35091822R00125